당신은
결코
특별하지 않다

당신은
결코
특별하지 않다

전미경 지음

**비교와 강박을 내려놓고
삶의 중심을 되찾는 마음의 기술**

차례

프롤로그 세상과 타인에 흔들리지 않는 자유로운 삶에 관하여 · 8

1장 | 당신이 특별하다는 착각
: 지나고 나면 별일 아닌 것들, 살다 보면 별것 아닌 나

우리 스스로 설치한 CCTV	21
당신은 결코 특별하지 않다	28
우리 인생의 전면부와 후면부	36
완벽이라는 환상 속 자아 찾기	43
솔직함은 무기가 될 수 없다	52
거울 속에 비친 나는 누구일까	60
진정한 평범함을 찾아서	68

| 2장 | **불행을 삶에서 제외시켜야 한다는 착각**
: 어차피 우리는 저마다의 이유로 고통스럽다

왜 나에게만 이런 일이 벌어지는가	77
불행과 발맞춰 춤을 추는 삶	84
우리는 모두 불완전하다	93
어떻게든 나아지는 힘에 관하여	100
삶은 통제할 수 없다	107
완벽이라는 감옥에서 벗어나기	115
연결된 세상에서 살아가는 법	123
일상이 된 생존 게임과 불행이라는 환상	131

3장 | 타인은 지옥이라는 착각
: 내 인생이 아닌 타인의 삶, 타인이 살아주지 않는 나의 삶

당신은 드라마 속 주인공이 아니다   141

공갈빵 같은 세상에서의 진실한 관계   147

낯선 만남이 준 선물   156

다시 짜는 관계의 무늬   165

스스로 만드는 지옥   173

고통을 받아들이는 용기에 대하여   180

타인의 존재를 진정으로 마주한다는 것   187

| 4장 | **삶이 무한하다는 착각**
: 어차피 삶은 끝이 난다

정신과 의사의 죽음 성찰   199
삶을 바라보는 새로운 렌즈   209
죽음을 받아들이는 방법   218
시한부 진단이 가르쳐 준 삶의 의미   223
소유에서 존재로의 춤   233
은행나무와 콜로라도 고속도로   242

프롤로그

세상과 타인에 흔들리지 않는 자유로운 삶에 관하여

세상이 갈수록 시끄러워지고 있다. 휴대전화에서 울리는 수십 개의 알람이 요란하게 일상을 깨우고, SNS 곳곳에서 자신이 특별하다고 외치는 목소리들이 내 고요한 삶으로 파고든다. 가끔은 그들이 전하는 정보와 소식이 유익하고 반갑기도 하지만, 대개는 쏟아지듯 밀려드는 화면들에 피로감이 들곤 한다.

소셜 미디어는 거대한 무대가 되어 우리 모두를 주인공으로 만들어 놓았다. 팔로워들은 관객이 되고, '좋아요'는 마치 갈채와 같다. 그 세계에 자신을 깊이 밀어 넣은 이들은 주인공 증후군에 사로잡혀 살아간다. 그러나 화려한 무대 뒤편에는 짙은 그림자가 드리워져 있다.

오늘날 우리 사회는 극심한 경쟁을 부추기고 압박 속에서 신음하는 개인에게는 눈을 감는다. 초등학생조차 방과 후 학원을 전전하고 중고등학생은 평균 수면이 5~6시간에 그칠 정도로 과도한 학업에 시달린다. 대학생들은 취업을 위해 '스펙'을 좇을 뿐 진정으로 원하는 것은 무엇인지 모른다. 직장인들 역시 쉼 없이 실적에 내몰리고 야근에 시달리며 자신의 삶을 돌볼 여유조차 없이 하루하루를 보낸다. 모두들 저마다 남들보다 뛰어나야 한다는 무거운 강박에 짓눌린 탓에 무엇이 문제인지도 모른 채 살고 있다.

   자신을 끊임없이 증명해야 한다는 요구는 개개인을 왜곡시킨다. 더 특별해지기 위해, 더 성공한 것처럼 보이기 위해 자신을 과대 포장하는 생존 전략을 택한다. 그 결과 대다수는 늘 타인의 시선을 의식한다. 식당에서 밥을 먹을 때도, 옷을 고를 때도, 심지어 자녀를 키우는 방식조차 남들의 평가를 염려하며 선택한다. 결국 진정한 자아는 잃어버리고 허상만 따르고 있다. 개인의 문제가 아닌 우리 사회가 만든 병이다.

불행의 또 다른 얼굴

   경제적 불안정성과 심화된 불평등은 이러한 현상을 더욱 증폭시켰다. 중산층이 붕괴되고 빈부 격차가 확대되면서 사람들은 자신의 위치를 증명해야 한다는 강박에 사로잡히기 시작했다. 남들과는 다른 사람, 특별한 사람처럼 보여야 했다. 하지만 안타깝게도 특별해 보이기 위한 노력은 진정한 만족을 가져다주지 못했다. 인정 욕구가 채워지는 찰나의 순간이 지나고 나면, 더 깊은 공허와 불안이 자리 잡을 뿐이다.

대한민국이 OECD 국가 중 매년 최상위권의 자살률과 최하위권의 행복지수를 기록하고 있다는 사실은 우리 사회가 얼마나 잘못된 방향으로 흘러가고 있는지를 보여준다. 우울증과 불안장애, 번아웃 증후군 등의 정신건강 문제는 최근 들어 더욱 심각한 문제가 되고 있는데, 특히 10~30대 사이에서 급증하는 경향을 보이고 있다. 어쩌면 우리 사회가 그동안 인간의 가치를 성적이나 스펙, 연봉이나 직위로 판단해 오던 세태가 이 같은 결말로 이어진 것은 아닐까.

'나는 특별한 사람이어야 해'라는 강박은 '나는 절대 실패해서는 안 돼' 혹은 '나에게만 왜 이런 나쁜 일이 생기는 걸까?'라는 잘못된 생각으로 연결되기도 한다. 그러나 실패는 모두에게 찾아오고 불행은 우리 인생의 한 부분일 뿐이다. 인생은 우리가 원치 않는 사건, 실패와 상실, 고통으로 가득하다. 불행을 완전히 없애려는 시도는 마치 바다에서 물을 전부 퍼내려는 것과 같은 헛된 노력이며, 자기에게만 불행이 닥친다는 생각은 착각에 불과하다.

타인의 시선과 판단에서 벗어나 자신을 지키는 성숙한 삶의 태도가 필요한 지금, 그 출발은 현실을 있는 그대로 받아들이는 데 있다. 개개인이 겪는 실패와 좌절, 그리고 상실은 모두 인생이라는 여정의 일부일 뿐이다. 계절이 자연스럽게 바뀌듯 우리의 삶에도 봄, 여름, 가을, 겨울이 지난다. 겨울이 오는 것을 그 누구도 막을 수 없듯이 삶의 고난은 피할 수 없다. 그럼에도 우리가 그것을 받아들이며 살아갈 수 있는 까닭은 겨울이 지나면 반드시 봄이 온다는 자연의 섭리처럼 고난은 반드시 지나간다는 걸 알아서다.

이미 깊게 뿌리내린 사회적 문제를 한 개인이 바꾸기란 어렵다. 하지만 우리에게는 자신의 마음을 회복시키고 삶을 바꾸어 나갈 수 있는 힘이 있다. 비록 현재의 삶이 버겁고 스스로가 한없이 무력하다고 느껴지는 사람에게도 그 힘은 분명 존재한다. 이제부터 이 책에서 그것을 일깨우는 방법을 이야기해 볼 것이다.

우리는 언젠가 죽는다

삶이 유한하다는 사실을 깨닫는 순간 우리의 관점은 더 이상 전과 같을 수 없다. 예전처럼 사소한 일이나 무의미한 것들에 시간을 낭비하고 싶지 않아진다. 대신 진정으로 중요한 것, 즉 가족, 친구, 사랑, 자기 발전 같은 것들에 집중하게 된다. 삶의 끝을 생각하면 시간의 가치가 더욱 소중해지고 우선순위가 명확해진다.

또한 삶의 유한성을 깨닫는 순간 현재를 더 깊이 느끼게 된다. 미래의 불확실성과 과거의 후회에 얽매이지 않은 채 지금, 오늘, 이 순간에 온전히 집중할 수 있게 된다. 산책할 때 내딛는 발걸음과 주변의 자연 풍경을 더 생생하게 느끼게 되고, 음식을 먹을 때도 그 맛과 식감을 충분히 음미하게 되며, 일상의 모든 순간에도 특별한 의미를 찾게 된다.

무엇보다 인간관계의 중요성을 절실히 깨닫게 된다. 삶에 주어진 시간이 한정되어 있음을 알기에, 소중한 사람들과의 관계를 더욱 깊이 있게 만들고 싶어진다. 단순한 사교적 만남을 넘어 진정한 감정의 교류를 나누며, 자신과 관계 맺은 사람들과 보내는 시간이 얼마나 귀중한지를 새삼 느끼게 된다.

자연스레 삶의 진정한 가치와 목표도 다시 생각해 보게 된다. 남들이 정해준 목표와 사회적 기대에서 벗어나 자신이 원하는 것이 무엇인지, 어떤 삶을 살고 싶은지 깊이 고민하는 것이다. 그럼으로써 타인의 기준이 아닌 자신만의 가치와 목표를 향해 한 걸음씩 나아가게 된다.

그리고 마지막으로, 끊임없는 자아 성찰을 통해 더 깊이 있는 성장을 경험하게 될 것이다. 삶이 끝나는 순간 자신이 어떤 사람으로 기억되고 싶은지, 어떤 흔적을 남기고 싶은지 고민하게 된다. 자신의 내면을 들여다보는 시간이 더욱 소중해지고, 이를 통해 우리는 더 성숙하고 균형 잡힌 사람으로 성장할 수 있다.

이러한 깨달음은 저마다 다른 방식으로 찾아온다. 어떤 이에게는 사랑하는 사람의 죽음을 통해서, 또 어떤 이에게는 심각한 질병을 겪는 과정에서, 혹은 나이가 들어감에 따라 자연스럽게 찾아온다. 때로는 인생의 중요한 전환점에서, 또는 깊은 철학적 성찰을 통해 이러한 깨달음을 얻는다.

삶을 돌아보는 순간들

나는 가장 가까운 사람들의 죽음을 마주하며 깨달았다.

2022년, 한 달 간격으로 부모님 두 분을 모두 잃었다. 그리고 그로부터 두어 달 후, 사랑하는 언니마저 뇌동맥류 출혈로 쓰러졌다. 그때 처음으로 삶이 얼마나 허약한 것인지, 우리가 매일 당연하게 여기는 것들이 얼마나 쉽게 사라질 수 있는지를 뼈저리게 느꼈다. 다행히 언니는 골든타임을 놓치지 않아 같은 병으로 돌아가신 어머니의 길을 따르지 않았지만, 그 시간들은 내게 '삶과 죽음이란 무엇인가'를 끊임없이 묻게 만들었다.

부모님이 돌아가신 후 친정집을 정리하던 석 달은 내 인생에서 가장 길고도 짧은 시간이었다. 부모님이 평생 모아온 살림살이를 하나둘 정리하면서 속으로 울음을 삼켰다. 어머니가 아끼던 그릇들, 아버지의 낡은 농기구들, 부모님이 고이 보관해 둔 우리의 어린 시절 사진들…. 하나하나 매만질 때마다 물건에 깃든 추억이 물밀듯 밀려왔다.

버릴 것들은 쓰레기봉투에 담고, 쓸 만한 것들은 주위에 나누고, 남에게 주기 마땅치 않은 물건들은 재활용 단체에 보냈다. 그러다 발견한 부모님의 낡은 사진들과 휴대전화, 어머니의 소박한 패물들은 형제들이 나누어 가졌다.

아버지는 항상 말씀하셨다.

"사람이 태어나면 죽는 건 당연한 거다. 어떻게 살다 가느냐가 중요한 거지."

부모님은 결코 특별하지 않은 삶을 살다 가셨다. 배움도 짧고 가진 것도 없는 평범한 시골 농부였다. 하지만 두 분의 삶에는 진한 향기가 있었다. 겸손하고 성실했으며, 늘 이웃을 배려하고 서로 돕는 마음으로 살아가셨다. 자신을 특별한 사람이라고 생각하지 않았고, 남들 앞에서 자신이 더 가진 것을 과시하지도 않았다.

부모님이 남겨주신 삶의 유산은 화려하지 않다. 특별할 것도 없고, 자랑할 것도 없다. 하지만 그 속에는 진정한 삶의 의미가 담겨 있다. 타인의 시선에 얽매이지 않고 자신의 모습을 있는 그대로 받아들이며, 주변 사람들과 따뜻한 정을 나누며 살아가는 것. 그것이 바로 부모님이 내게 가르쳐 주신 가장 소중한 교훈이다. 그분들의 삶을 돌아보면, 특별하지 않은 삶 또한 얼마나 가치 있는지, 평범한 일상도 얼마나 깊은 의미를 가질 수 있는지 깨닫게 된다.

자기 삶의 중심을 잡는 법

이 책은 그런 의미에서 우리 자신을 향한 작은 제안이다. 끊임없는 경쟁과 비교 속에서 지쳐가는 이들에게 조금 다른 방식의 삶이 있다는 것을 이야기하려 한다. 특별해지기 위해 몸부림치는 대신 평범한 일상의 의미를 발견하는 법, 남들의 시선에서 자유로워지고 자신의 모습을 있는 그대로 받아들이는 법, 그리고 그 안에서 진정한 삶의 가치를 깨닫는 법에 대해 이야기하려고 한다.

이 책에서 나누고자 하는 이야기들은 다채로운 형태로 펼쳐진다. 정신과 의사로서 마주한 내담자들의 실제 경험을 각색하기도 했고, 소설과 드라마, 영화 속 인물들을 가져오기도 했다. 그리고 이 사회를 살아가는 평범한 사람들의 이야기를 상상력을 빌려 소설의 형식으로 담기도 했다. 이는 단순한 흥미를 위한 장치가 아니라, 우리의 보편적 경험을 더욱 풍부하게 이해하기 위해, 한 인간의 내면을 더욱 깊고 입체적으로 들여다보기 위한 시도였다.

비록 지금의 사회가 혼란스럽고 어지럽게 느껴지지만, 우리 모두가 조금씩 변화한다면 세상도 서서히 달라질 수 있으리라 믿는다. 베트남 출신의 불교 스승 틱낫한Thích Nhất Hạnh은 "기적은 물 위를 걷거나 공중을 나는 것이 아니라, 지금 이 순간을 온전히 사는 것이다"라고 말했다. 그의 말처럼 특별한 성취나 극적인 변화보다도 일상의 순간을 충실히 살아가는 것이야말로 가장 큰 기적이다. 그리고 이러한 작은 깨달음들이 모일 때, 우리 사회는 조용하지만 분명하게 변화할 것이다.

　당신은 특별하지 않다. 그래도 괜찮다. 내가 이 세상의 수많은 사람 중 하나일 뿐이라는 사실을 받아들일 때, '나'의 아픔이 '너'의 아픔과 크게 다르지 않다는 사실을 알아차릴 때, 우리는 비로소 더 자유로워지고 진정 의미 있는 삶을 살아나갈 수 있다. 그것이 바로 내가 이 책을 통해 나누고 싶은 이야기다.

1장

당신이 특별하다는 착각

지나고 나면 별일 아닌 것들,
살다 보면 별것 아닌 나

우리 스스로 설치한 CCTV

진료실 문을 열고 들어선 그의 모습은 흠잡을 데 없었다. 단정한 셔츠와 구두, 깔끔하게 넘긴 머리카락, 건장한 체격까지. 하지만 훤칠한 외관과는 달리 얼굴 표정은 경직되어 있었고, 피로감이 역력했다.

"저는 실패가 죽음처럼 느껴집니다. 아침에 거울을 볼 때마다 '너는 망했어'라는 목소리가 들려요."

우리는 모두 보이지 않는 감시 속에서 살아간다. 하지만 보통 그 눈동자는 타인이 아닌 우리 자신에게서 비롯된 것이다. 끊임없이 스스로를 검열하고 하나하나 점수를 매기며 실패했다고 말한다. 동혁 씨의 경우 그 감시의 눈이 유난히 날카롭고 가혹했다. 그는 하루 종일 차갑고 냉정한 시선이 자기를 따라

다니는 것 같다며 벗어나고 싶다고 호소했다. 그의 말 속에는 단순한 불안 이상의 공포가 담겨 있었다.

국내 최고의 명문 대학을 졸업하고 대기업에서 승승장구하던 동혁 씨가 이처럼 극단적인 두려움을 느끼는 이유를 처음에는 이해하기 어려웠다. 하지만 그는 곧 자신의 상태를 한 가지 강렬한 이미지로 설명했다.

"제 안에 CCTV가 달려 있는 것 같아요. 매번 절 평가하고, 조금이라도 틀리면 저를 무가치한 사람으로 몰아갑니다."

그는 다른 누구도 아닌, 바로 자기 자신의 매서운 감시로 인해 괴로워하고 있었다. 끊임없이 자신을 다그치며 몰아붙이는 내면의 감시자는 그를 완벽해야만 하는 사람으로 만들었고, 그는 '남들에게 완벽해 보이는 나'를 만들기 위해 지나치게 애를 쓰고 있었다. 완벽이라는 허상을 좇는 그의 마음 깊은 곳에는 작은 실수 하나에도 모든 것이 무너질까 봐 두려워하는 '진짜 자아'가 숨어 있었다.

상담이 진행되면서 그의 '거짓 자아'가 형성된 배경이 점차 드러났다. 처음 가면을 쓰게 된 건 생각보다 오래전 일이었다. 학창 시절 그는 사회적으로 꽤 성공한 완벽주의 성향의 어머니 아래에서 '우수한 아들'이라는 역할을 강요당했다. 내신 성적부터 각종 수행평가, 학교 내외부 활동까지 전부 어머니가 도맡아 관리할 정도였다. 평범함은 결코 용납되지 않았다.

그가 학창 시절 가장 자주 들었던 말은 "우리 아들, 잘할 수 있지?"였다. 얼핏 따뜻한 격려처럼 들리는 그 말은 그의 마음에 부담을 얹었다. 의미는 명확했다. '넌 절대 실패하면 안 돼. 내 성공에 먹칠해선 안 돼.' 성과와 학벌만이 집에서 그의 가치를 증명하는 유일한 지표였고, 그는 실패할 자유를 잃었다.

우리를 보호하면서 속박하는 '거짓 자아'

영국의 정신분석학자 도널드 위니컷Donald Winnicott은 거짓 자아를 타인의 기대에 맞춰 형성된 가면이라고 설명했다. 이는 단순하게 부정적인 개념이 아니다. 거짓 자아는 우리를 보호하면서 동시에 속박하는 이중적인 존재로, 사회에서 살아남기 위한 방어기제이기도 하다. 하지만 그 가면을 어떠한 순간에도 벗지 않을 때, 개인의 자아를 질식시킬 만큼 강해질 때 문제는 심각해진다.

동혁 씨는 대학을 졸업하고 대기업에 입사하는 과정에서 거짓 자아를 더욱 단단하게 만들었다. 어머니가 설계해 준 미래로 단 한 번의 실패 없이 나아갔고, 자연스럽게 자신의 욕구와 감정은 희미해졌다. 오로지 타인의 기대에 맞춰 자신을 조각하며 살아갔다. 그러던 중 그는 30대 중반에 처음으로 큰 실패를 경험했다. 회사의 중요한 프로젝트에서 경쟁사에 밀린 것이다. 그에게 실패는 처음이었다. 조금씩 내면이 깨지고 있었다.

"회사에서는 있을 수 있는 일이라고 했지만, 팀장으로서 책임을 회피할 수 없었습니다. 인사고과에서 그 결과를 중요하게 따질 수밖에 없었을 거예요. 프로젝트 실패로 회사에서의 제 존재가 송두리째 흔들리는 기분이었습니다. 저라는 사람이 사실은 무능한 존재라는 게 증명된 셈이었죠."

그에게 이 실패는 단순한 불운이나 업무상 실수가 아니었다. 평생 성공만을 경험해 온 그에게 실패는 존재 자체를 위협하는 충격이었다. 그는 스스로 모든 책임을 자신에게 돌렸고, 처음으로 자신이 CCTV 속에서 완벽하지 않게 비춰질 수도 있다는 사실을 깨달았다. '내가 실패할 수 있다.' 이 생각은 그에게 견딜 수 없는 공포였다.

상담 과정에서 그가 실패를 수용하고 극복하는 방법을 배운 적이 없다는 게 드러났다. 어릴 때 우리는 크고 작은 실패를 경험하며 '이 정도는 극복할 수 있구나' 하고 학습할 기회가 주어진다. 하지만 그의 세계에서 실패는 금기였다. 어릴 적부터 그를 채찍질한 부모님은 그에게 1등이 되는 법 아니면 적어도 2등이 되는 법은 가르쳤지만, 실패를 마주하는 법은 가르친 적이 없었다. 실패가 분명한 일이나 성공을 확신할 수 없는 일은 아예 끼어들지 않게 했다. 그는 친구들과 가벼운 농구 시합이나 축구 게임조차 해본 적이 없다고 말했다.

그의 머릿속에서는 끊임없이 부모님의 목소리가 울렸다. "넌 이제 끝났어. 못난 인간이 된 거야." 실패를 경험하며 자기 자신을 단단하게 만드는 법을 배우지 못한 그에게, 첫 실패는 감당할 수 없는 무게였다.

회사에서 그 일이 있은 후 그의 일상은 완전히 달라졌다. 아침에 일어나는 일조차 고통스러운 시간이 되었고, 자신을 감시하는 CCTV의 시선은 더 냉혹해졌다. 출근길에 마주치는 사람들의 표정, 엘리베이터 안에서 나누는 동료들의 대화에서도 그는 자신을 향한 무시와 경멸을 읽어내려 애썼다. 물론 그만의 착각이라 말했지만, 내 말을 들을 리 없었다.

회사에서는 새로운 프로젝트가 시작되었다. 하지만 그는 이미 예전의 모습과 완전히 달라졌다. 보고서 한 줄을 작성하는 데에도 수십 번을 망설였고, 사소한 결정조차 끝없는 자기 검열 속에서 이루어졌다. '이렇게 해도 실패할 게 뻔해', '난 어차피 못난 인간이니까' 그의 모든 시도는 이런 생각 앞에서 가로막혔다.

이 시점에서 그의 거짓 자아가 얼마나 오랫동안 스스로 견고한 가면을 만들어 왔는지가 분명해졌다. 단 한 번도 자신의 감정과 욕구를 솔직하게 들여다본 적이 없었던 그는 위니컷이 경고한 것처럼, 거짓 자아가 지나치게 강해지면서 점점 진정한 자아의 자리를 잃어갔다. 동혁 씨의 '실패 공포'는 결국 그의 정체성 붕괴로 이어졌다. 술을 마시면 잠시나마 자신을 감시하는 CCTV의 시선을 피할 수 있을 것 같았지만, 그럴수록 더 깊은 자기혐오에 빠졌다. 부모님의 전화는 받지 않았고, 문자에도 답하지 않았다. 그들과 마주하는 순간 자신의 실패를 뼈저리게 실감하게 될 것만 같아 스스로 단절을 택한 것이다.

우리가 실패를 통해
얻을 수 있는 것

우리 시대는 완벽함을 요구한다. 화려한 스펙, 빈틈없는 성과, 그리고 이를 입증하기 위한 수많은 노력들. 그러한 요구에 부응하기 위해 우리는 내면 깊숙한 곳에 CCTV를 설치한다. 동혁 씨의 이야기는 바로 이 차가운 감시 체계가 만들어 낸 우리 시대의 초상이다.

　동혁 씨가 깨달아야 할 것은 단 하나다. 인간은 시행착오를 통해 성장한다는 것이다. 크든 작든 성공과 실패들이 쌓여 우리의 진정한 자아를 형성해 나간다. 위니컷은 진정한 치유란 거짓 자아를 완전히 부정하는 것이 아니라, 그것과 진정한 자아 사이에서 균형을 찾아가는 과정이라고 말한다. 마치 우리 내면의 CCTV 렌즈 초점을 약간 흐릿하게 조절해 두는 것과 같다. 렌즈를 통해 비춰지는 자기 자신에 대해 조금은 너그러움을 갖는 것이다. 누구나 실수하고 실패할 수 있음을 인정할 때, 재도전할 수 있는 발판도 마련할 수 있다. 우리의 진정한 자아는 바로 그곳에서 성장할 수 있다.

　우리 또한 동혁 씨와 다르지 않다. 냉혹한 사회 분위기 속에서, 매끄럽게 잘 정리된 길에서 벗어나기를 원하는 사람은 없다. 하지만 결코 거짓 자아라는 가면을 자신의 자아로 착각해서는 안 된다. 그리고 용기 있게, 무던하게 실패할 수 있는 자유를 택해야 한다. 그럴 때 비로소 자신을 감시하는 카메라에서 벗어나 진정한 자신을 마주할 용기를 가질 수 있을 것이다.

당신은 결코 특별하지 않다

나는 종종 진료실에서 특별한 사람들을 만난다. 보다 정확히 말하자면, 자신이 특별하다고 믿는 사람들이다. 그들은 대화 도중 자신이 살고 있는 아파트의 평수, 자녀의 대학교를 은근히 언급하거나 자신의 직함을 내세우며 자신이 남들과는 다르다는 사실을 증명하려 안간힘을 쓴다.

미국의 저명한 심리학자 제프리 영 Jeffrey Young 은 이러한 모습을 '특권 의식의 덫'이라 명명했다. 이는 단순한 자신감과는 다르다. 건강한 자신감은 스스로의 성취와 능력을 바탕으로 한 자부심인 반면, 특권 의식은 비현실적인 우월감에 기인한다. 자신이 예외적 대우를 받아야 한다고 믿으며, 일반적인 규칙과 의무에서 벗어나도 된다고 여긴다. 영은 이러한 특권 의식이 주로 어린 시절의 과보호나 과대평가에서 비롯된다고 설명한다. 특히 모든 요구가 즉각적으로 충족되고 실패나 좌절이 허락되지 않는 환경에서 자란 아이들은 자신이 특별하다는 신념을 발전시킨다.

나는 특별하다는 착각, 남들보다 우월하다는 오만

얼마 전 진료실에서 만난 수용 씨는 전형적인 특권 의식의 모습을 보여주었다. 어린 시절 아버지의 작은 가구 공장이 성공하면서 계급 상승을 경험했으며, 부족함 없이 자란 탓에 자신이 타인과는 다르다는 착각에 빠졌다. 그는 사람을 만날 때마다 특정한 질문들을 던졌는데 대개 "어느 대학을 나오셨나요?", "직업이 뭐예요?", "부모님은 무슨 일을 하셨나요?"처럼 마주하는 상대보다 상대를 둘러싼 환경에 더 집중하는 질문들이었다.

그의 이야기를 듣자 문득 영화 〈기생충〉의 박 사장 가족이 떠올랐다. 그들은 외형적으로 너그러워 보이지만 은연중에 타인과 자신의 세상을 구분하는 선을 긋는다. 마치 그들만의 특정한 기준과 냄새로 계층의 경계를 나누듯이 수용 씨 역시 자신만의 기준으로 사람들을 평가하고 있었다.

며칠 전 수용 씨는 지인들에게 문자를 보냈다. "오랜만에 인사드립니다. 저희 아들이 서울대학교에 입학하게 되었습니다. 여러분의 관심과 격려 덕분입니다." 그는 지인들에게 수십 통의 축하 답신을 받으며 자신의 우월감을 만끽했다.

제프리 영은 특권 의식의 덫에 빠진 사람들은 자녀의 성취를 자신의 특별함을 증명하는 도구로 사용한다고 설명한다. 그들에게 자녀는 독립적 인격체가 아닌 자신의 자아를 확장시키는 도구일 뿐이다. 그가 거실에 걸어두었다는 아들의 상장은 이를 상징적으로 보여준다.

수용 씨의 이야기는 여기서 끝나지 않았다. 어느 날 그의 오랜 친구에게 온 문자가 그를 잠시 고민하게 만들었다고 했다. "미안하지만 부탁 하나만 들어줄 수 있니? 내가 운영하는 사업체가 많이 힘들어져서. 문자로 이야기하기는 그렇고 언제 시간 좀 내줘." 그는 문자를 읽고도 답장을 미루었고, 며칠 후 다시 문자가 왔다. "바쁘면 괜찮아. 지난번 부탁은 잊어줘. 미안." 그제야 그는 답장을 하지 않아도 된다는 사실에 안도했다고 말했다.

그는 타인의 고통에 무감각해지고 공감의 여지를 잃었다. 〈기생충〉에서 박 사장 가족이 자기 세계의 바깥인 지하층에 무관심했던 것처럼 친구의 절박함을 외면했다.

"친구가 얼마 전에 부탁이 있다며 만나자고 했는데 바빠서 제때 답장을 못했어요. 며칠이 지난 뒤에 답장을 하기도 뭐하고 해서 결국은 연락을 안 했죠. 가뜩이나 바쁠 때이기도 했고…"

그는 말끝을 흐리며 자신의 일정이 더 중요하다는 식으로 상황을 정리했다. 제프리 영은 이러한 무관심이 자신을 지키기 위한 방어기제라고 설명한다. 자신들이 쌓아올린 특권적 세계가 무너질까 두려워 타인의 고통을 외면하는 것이다.

남보다 나은 삶이 아닌, 오직 스스로 만족하는 삶

최근 TV에서 해방촌에 사는 사람들 모습을 보여준 적 있다. 그들은 계단이 많고 좁은 골목이 즐비한 해방촌에서 삶의 자유를 누렸다. 대기업 디자이너였던 한 청년은 작은 공방을 열며 삶을 재설계했다. "더 작은 삶을 선택했지만 오히려 더 충만해졌어요. 예전에는 매출과 실적만 생각했는데 이제는 하나하나 직접 만드는 즐거움이 있어요." 그러면서 손으로 만든 물건들을 자랑스럽게 내보였다.

또 다른 청년은 프랜차이즈 카페를 떠나 자신만의 공간을 만들기로 결심했다. 그는 오래된 주택을 개조해 손님과 얼굴을 가까이 하고 대화를 나눌 수 있는 작은 카페를 열었다. "가끔 손님이 없을 때는 불안해져요. 하지만 단골들과 이야기를 나누다 보면 그 불안이 조금씩 사라져요. 돈이나 성공이 전부가 아니라는 걸 깨달았거든요." 그의 카페 벽에는 손님들이 남긴 쪽지들이 빼곡히 붙어 있었다. 작은 메모 하나하나에 담긴 따뜻한 진심은 수용 씨 집에 빽빽하게 걸린 상장들과는 전혀 다른 성취와 의미를 전한다.

해방촌 사람들의 모습은 제프리 영이 말하는 '건강한 자아실현'과 맞닿아 있다. 건강한 자아실현은 타인과의 비교에서 오는 것이 아니라, 자신의 가치와 한계를 있는 그대로 받아들이며 스스로를 완성해 나가는 과정이다. 해방촌의 청년들은 남보다 더 나은 삶을 좇지 않는다. 오히려 자신이 평범하다는 사실을 받아들이고, 그 평범함 속에서 진정한 만족을 찾았다. 다른 사람의 성공을 경쟁적으로 바라보지 않고, 서로의 삶에 귀를 기울이며 나누는 작은 이야기 속에서 삶의 온기를 찾았다.

반면, 수용 씨는 그런 선택을 할 수 없었다. 그는 타인의 고통을 외면하며 자신의 높아진 성벽을 더욱더 단단히 쌓아야 했다. 타인보다 나은 삶을 누린다는 그 특별함을 놓치면 안 된다는 두려움이 그를 끊임없이 밀어붙였기 때문이다. 특권 의식의 덫에서 벗어나기 위한 첫걸음은 자신의 평범함을 인정하는 것이지만, 그에게 평범함은 실패와 같았다.

평범함의 자유

해방촌의 공방 주인은 이렇게 말했다. "예전에는 매일 밤 악몽을 꿨어요. 경쟁에서 뒤처지는 꿈이었죠. 지금은 수입이 많이 줄었고 예전처럼 가끔 실수도 하지만, 더 이상 그런 꿈은 꾸지 않아요." 그의 작업실 창밖으로는 오래된 벽돌 담장이 보였고, 그 틈새로 자라난 담쟁이덩굴이 초록빛 생명력을 자랑하고 있었다. 그 담쟁이덩굴처럼 그의 삶에는 작고도 자연스러운 여유가 스며들어 있었다.

수용 씨의 세계에는 그런 여유가 없다. 아들의 서울대 합격 소식은 잠시 그에게 안도감을 줄 수 있었겠지만 끝이 아니었다. 앞으로는 아들의 학점 관리와 대기업 취업, 더 나아가 또 다른 성공의 목표를 위해 바쁘게 달려야만 한다. 그러는 동안 아마도 그는 놓치게 될 것이다. 오랜 친구, 아들의 진짜 꿈, 그리고 일상 속에 숨어 있는 작은 기쁨들까지. 멈춰 서서 돌아볼 시간조차 허락되지 않을 것이다.

그는 모든 것을 가진 양 특별함에 취해 있었지만, 결국 자신의 강박증을 끊임없이 토로했다. 만족한다는 착각에 빠져 있지만 그는 불행을 향해 걸어가는 중이었다. 결국 내 진료실의 문을 두드린 사람은 해방촌 청년들이 아닌, 더 많이 가졌다는 생각에 빠져 있는 수용 씨라는 점이 그 사실을 알려준다.

제프리 영은 특권 의식이 결국 자기 파괴적이라는 사실을 지적했다. 끊임없이 자신이 특별하다는 것을 증명하려는 강박은 자아를 질식시키고, 타인과의 진실한 관계를 불가능하게 만든다. 수용 씨가 이 덫에서 벗어나기 위해서는 스스로가 완벽하지 않음을 인정해야 한다.

비단 어떤 성공을 거둔 사람들만 특별함을 지키기 위한 끝없는 경주를 이어가는 건 아니다. 더 비싼 아파트로의 이사, 자녀의 유명 학교 입학, 더 높은 직함을 향한 끝없는 경주까지…. 이들은 끝이 보이지 않는 계단을 오르듯 끊임없이 스스로를 채찍질한다. 자신이 특별하지 않다는 사실을 받아들일 때, 삶은 비로소 속박에서 풀려나 더 가볍고 여유로워진다는 사실을 잊은 채 말이다.

정신과 의사로서 매일 이런 말을 듣는다. "원장님, 저는 특별한 게 없어요. 내세울 것도 없어요. 잘난 것이 하나도 없어요."

그러나 이제는 깨달아야 한다. 진정한 치유는 특별함을 증명하려는 강박에서 벗어날 때 비로소 시작된다는 것을. 마치 해방촌의 좁은 골목길처럼, 우리 삶의 진정한 풍요로움은 불완전하고 평범한 일상 속에 숨어 있다.

우리 인생의 전면부와 후면부

오래전 봄날, 나는 제주 시내 한복판에 있는 종합병원에서 정신건강의학과 과장이라는 직함을 달고 새로운 직장 생활을 시작하게 되었다. 불과 몇 달 전만 해도 전공의였던 내가 개인 진료실에서 독립적으로 환자를 진료하며 병원 관리자와 직접 연봉 협상까지 해야 하는 큰 변화를 마주한 것이다. 나에게는 삶의 큰 전환점이었다.

어느 아침, 아직 어둠이 채 가시지 않은 이른 시각에 집을 나섰다. 한라수목원을 가볍게 걷기 위해 세수도 하지 않은 채 헐렁한 운동복에 대충 머리를 묶은 모습이었다. 차갑고도 습한 제주의 공기가 폐 깊숙이 스며드는 느낌을 만끽하며 누구의 시선도 신경 쓰지 않은 채 산책을 즐겼다.

그러던 중 맞은편에서 누군가 다가와 고개를 깊이 숙이며 인사를 건넸다. "과장님, 안녕하세요!" 순간 당황스러움이 몰려왔다. 먼저 '과장님'이라는 호칭이 낯설었다. 특히 나보다 연배 있어 보이는 분이 먼저 공손히 인사를 건네자 혼란스러움이 더 커졌다. 직함 하나로 예우를 받게 되니 이질감마저 느껴졌다. 어제의 나와 오늘의 과장님 사이의 간극은 너무나 크게 인식됐다. 나 역시 그분께 정중히 인사를 드리다가, 곧 세수도 하지 않은 차림새라는 것이 떠올라 서둘러 자리를 피하고 말았다.

그날 이후 나는 한라수목원의 고요한 아침 산책을 포기할 수밖에 없었다. 편안한 옷차림에 부스스한 얼굴로 운동을 나갔다가 또 누군가와 마주칠까 봐 부담스러웠다. 대신 언제 어디서든 마주칠 수 있는 타인의 시선에 대비해 늘 단정한 모습을 유지하려 애썼다.

완벽한 페르소나의
불완전한 뒷면

미국 사회학자 어빙 고프먼Erving Goffman은 우리의 일상을 연극 무대에 비유했다. 그의 관점에 따르면 우리는 모두 '전면부'

와 '후면부'를 오가며 살아간다. 전면부가 타인의 시선이 머무는 공적인 공간이라면, 후면부는 우리의 진짜 모습이 드러나는 사적인 공간이다. 이 과정에서 우리는 끊임없이 '인상 관리'를 하게 되는데, 나는 전문의가 된 이후 인상 관리를 내 삶에서 빼놓을 수 없었다.

퇴근길에 들른 마트에서도 마찬가지였다. "고등어 두 마리를 한 마리 가격에 드립니다!" 확성기를 들고 외치는 점원의 목소리에 사람들이 우르르 몰려갔고, 나도 그들 사이에서 카트를 밀며 뛰어들었다. 고등어를 향해 손을 뻗는데, 바로 그때 "어머, 과장님도 마감 세일 오셨어요?"라는 말이 들렸다. 순간 손이 허공에 멈춘 채 얼어붙었다. 고개를 돌려보니 병원 원무과 직원이 환한 얼굴로 서 있었다. 알 수 없는 민망함이 덮쳐왔다. 사람들 틈에서 세일 상품을 차지하려는 내 모습이 혹시 병원의 품위를 떨어뜨리지는 않을까 하는 걱정이 스쳐 지나갔다.

그 사건이 있은 후 나는 조금 비싸더라도 동네 정육점과 작은 마트를 이용했다. 공항 역시 또 다른 무대가 되었다. 제주에서 서울로 출장 가는 일이 잦았는데, 공항에서 누군가와 마주칠 수 있다는 생각을 떨칠 수 없었다. 항상 화장을 하고 단정한 차림을 잊지 않았으며, 공항 의자에 앉아 있을 때조차 허리를 곧게 펴고 다리를 가지런히 모았다.

프란츠 카프카Franz Kafka의 소설 『변신』에서 주인공 그레고르 잠자가 어느 날 아침 자신의 모습을 잃고 벌레로 변한 것처럼, 나 역시 본래의 내 모습을 점점 잃어가고 있다는 생각이 들었다. 벌레가 된 그레고르가 자본주의 사회 속에서 인간성을 상실하는 과정을 상징한다면, 나는 과장님이라는 완벽한 페르소나에 갇혀 한국 사회의 권위주의적 문화 속에서 자아를 잃어가는 과정을 밟는 것 같았다.

그레고르가 벌레로 변한 뒤에도 회사에 지각할까 봐 걱정했던 것처럼, 나 역시 과장님이라는 이름에 갇혀 역할을 완벽히 수행해야 한다는 압박에 시달렸다. 문제는 병원 외부에서조차 압박을 느낀 것이었다. 결국 내게 남은 것은 끝없는 자기 검열과 인상 관리뿐이었고, 그 과정에서 잃어버린 것은 단지 편안한 일상만이 아니었다. 나는 내 진정한 자아, 그리고 그 자아가 숨 쉴 수 있는 모든 공간을 잃어가고 있었다.

그러던 어느 날 독일의 앙겔라 메르켈 전 총리에 관한 기사를 읽었다. 유럽 최고의 권력자로 불리던 그녀가 퇴임 후 베를린의 작은 슈퍼마켓에서 장을 보는 사진이 함께 실려 있었다. 경호원도 없이, 다른 시민들과 함께 줄을 서서 계산을 기다리는 평범한 모습이었다. 대한민국에서는 상상조차 할 수 없는 광경이었다.

독일의 정치철학자 한나 아렌트Hannah Arendt는 '권위'와 '권위주의'를 명확히 구분했다. 진정한 권위는 타인의 자발적 인정에서 나오는 반면, 권위주의는 타인의 복종을 요구한다. 메르켈이 보여준 모습은 바로 진정한 권위의 모습이었다. 그녀는 전 총리라는 직함을 내세우지 않고, 오히려 권력 바깥에 내놓음으로써 더 깊은 신뢰를 얻었다.

우리 사회는 철저히 수직적인 집단주의 문화권에 속한다. 그래서 집단 내에서의 위계질서가 우리의 일상 곳곳을 지배한다. 자녀가 판검사나 교수가 되면 부모들은 흔히 그 직함이 가족의 지위까지 높여주는 것처럼 자랑스러워한다. 이는 유교문화권의 위계질서와 집단주의가 결합해 만들어 낸 독특한 권위주의의 모습이다.

"자리가 사람을 만든다"라는 말 또한 마찬가지다. 얼핏 들으면 직책에 따른 책임감이나 성장을 의미하는 듯 보이지만, 실상 이 말에는 권위주의적 속성이 깊이 배어 있다. 자리가 사람을 만드는 것이 아니라, 사람이 그 자리에 맞추어 자신을 바꾸어 가는 과정이기 때문이다. 우리는 그 자리에 걸맞은 말투, 걸음걸이, 옷차림, 심지어 생활 방식까지 요구받는다.

진정한 해방은
있는 그대로의 내가 되는 것

오랫동안 권위와 권위주의를 혼동하고 있던 나를 깨달았다. 내가 진정으로 원했던 것은 전문가로서, 그리고 의사로서 환자들의 신뢰를 얻는 진정한 권위였다. 환자들이 치유의 과정을 신뢰하고 의지할 수 있는 존재가 되고 싶었지만, 그 과정에서 방향을 잃고 자리가 요구하는 겉모습에 지나치게 집착했던 모습을 발견하게 되었다. 자리에 걸맞은 껍데기를 갖추는 데만 몰두했던 것이다.

"과장님"이라는 호칭을 들을 때마다 느꼈던 어색함과 불편함은 이러한 내면의 불일치에서 비롯된 것이었다. 진정한 권위가 아직 내 안에 자리 잡지 않았음에도, 마치 권위가 있는 것처럼 행동하려 애쓰던 내 모습이 어딘지 모르게 부자연스러웠다. 자리가 그에 알맞은 '나'를 만들어 줄 거라 기대했지만, 오히려 그 과정에서 진정성은 점점 멀어졌다.

과장이라는 직급을 신경 썼던 이유도 어쩌면 내가 '특별한 사람'이 되어야 한다는 강박 때문이었는지 모른다. 종합병원 정신과 과장이라는 자리는 분명 특별해 보였고, 그만큼 내 행동과 태도도 특별해야 한다고 여겼다. 그러나 그 특별함이라는 무게는 점점 나를 옥죄는 굴레가 되었다.

　우리는 늘 특별한 자리, 특별한 지위, 특별한 성취를 좇으며 살아간다. 하지만 그 과정에서 정작 잃어버리는 것이 있다. 바로 나 자신으로서 누리는 평범한 일상의 자유다. 고등어 두 마리를 한 마리 가격에 사며 느끼는 소소한 기쁨, 새벽 공기를 마시며 걷는 고요한 순간, 편안한 옷차림으로 거리를 거니는 여유 같은 것 말이다.

　카프카의 소설에서 그레고르는 끝내 자신의 진정한 목소리를 잃어버렸지만, 지금의 나는 원장이라는 직함에도 더 이상 그 호칭에 나를 가두지 않는다. 특별함과 권위는 권위주의적 형식이나 위계에서 오는 것이 아니라 자유로움에서 비롯된다는 것, 자리에 맞추려 애쓰지 않고 있는 그대로의 자신을 인정할 때 오히려 더 단단한 신뢰가 쌓인다는 것을 깨달았기 때문이다.

완벽이라는 환상 속 자아 찾기

탤리의 눈동자가 클로즈업되며 화면에 가득 차는 순간, 그녀가 보는 세상이 서서히 모습을 드러낸다. 거울 앞에 선 자신의 얼굴, 그리고 벽에 빼곡히 걸린 수많은 '프리티'의 사진들. 그녀의 시선은 동화에서 갓 튀어나온 듯한 아름다운 이들의 모습을 좇는다. 황금빛으로 빛나는 눈동자와 부드럽게 흐트러지는 금발, 좌우 대칭이 놀랍도록 정교한 얼굴선. 탤리의 눈길이 흔들리고 손끝으로 자신의 얼굴을 더듬던 그녀는 이내 간신히 말한다. "곧… 달라질 거야."

넷플릭스 SF 영화 〈어글리〉의 한 장면이다. 디스토피아를 맞이한 인류는 문제가 인간들의 본성에 있다는 점을 깨닫고 일정 나이가 되면 가장 완벽한 모습으로 외모를 성형해 '프리티'라는 이름을 받게 된다는 내용이다. 영화 속 주인공 탤리가 마주한 거울 속 이미지처럼, 사람들은 저마다의 '프리티'를 향해 달려간다. 하지만 그 완벽한 이상은 신기루처럼 가까이 다가갈수록 더욱 멀어질 뿐이다.

이상적 자아를 향한 끝없는 갈망

프랑스의 정신분석학자 자크 라캉Jacques Lacan은 인간이 자기 자신을 어떻게 인식하게 되는지 주목했다. 아기가 처음으로 거울 속 자신의 모습을 마주하는 순간 그것은 단순한 반영이 아니라 자아 형성의 중요한 시작점이다. 그는 이를 '거울 단계'라 부르며, 이 단계에서 우리는 거울 속 더 완전하고 이상적인 이미지를 자신과 동일시한다고 말했다. '상상계'가 열리는 것이다. 상상계는 이상적인 자아를 향한 끝없는 갈망을 품게 하지만 결코 닿을 수 없는 환영이다.

거울 속 우리 눈에 비치는 것은 단순한 외모의 문제가 아니다. 사회가 요구하는 규범과 질서, 곧 라캉이 말한 상징계가 우리를 지배하며, 우리는 점점 더 다양한 형태의 '프리티'를 추구하게 된다. 상징계는 언어, 법, 그리고 문화적 규범을 통해 우리의 욕망을 규정하고 통제한다. '완벽한 직장인', '모범적인 부모', '성공한 투자자'와 같은 이상적인 역할을 요구받는 것과 같다.

이러한 현상은 우리 사회 곳곳에서 드러난다. 2020년 국제미용성형수술협회ISAPS의 보고서에 따르면, 한국은 인구 1만 명당 성형수술 건수에서 세계 4위를 기록했으며 성형외과 상담실에는 연예인 누구의 얼굴처럼 만들어 달라는 요구가 끊이지 않는다. 얼마나 획일화된 아름다움을 좇고 있는지를 단적으로 보여준다.

직업 세계에서도 '프리티'라는 개념은 강력하게 작동한다. 어린 시절부터 시작되는 한국의 치열한 교육 경쟁은 이미 잘 알려져 있다. 의대 준비반에 다니는 학생들은 초등학생 때부터 미적분과 확률, 통계를 배우기 시작한다. 적성이나 흥미는 논외로 치부되고 중요한 것은 단 하나, 사회가 규정한 '프리티' 영역에 있는 의사라는 타이틀이다. 순수한 꿈은 사라지고 '안정적인 직업', '사회적 지위', '높은 연봉'이라는 상징적 가치만이 남아 있을 뿐이다.

최근 들어 경제적 '프리티'를 향한 열망은 더욱 뜨거워졌다. 부동산, 주식, 암호화폐는 이제 누구나 참여하는 경쟁의 장이 되었다. 사람들은 SNS를 통해 쏟아지는 투자 정보를 따라가며

'경제적 프리티'의 환상을 쫓는다. '빚을 내서라도 집을 사야 한다', '주식으로 인생 역전을 노려라' 같은 말들이 마치 불변의 진리처럼 받아들여지고 있다.

이 모든 현상 아래에는 라캉이 말한 상징계의 작용이 깊이 자리 잡고 있다. 상징계는 끊임없이 '성공'과 '인정'을 요구하며 그에 부응하기 위해 자신을 끝없이 내몬다. 개인의 진정한 욕망은 뒤로 미루고 사회가 정의한 기준을 따르는 것이다. 영화 속 탤리가 '프리티'가 되기 위해 수술을 마음먹었던 것처럼 우리도 각자의 방식으로 자신을 수술하고 있는 셈이다.

진료실에서 만난 희서 씨의 이야기는 이 현상을 한층 더 선명하게 보여준다.

"저는 세 남매 중 장녀로 태어났어요. 어릴 적부터 혼자였던 것 같아요. 부모님은 각자의 삶에 바빠서 우리에게 신경 쓸 여유가 없었죠. 아버지는 사업에 몰두하셨고, 어머니는 자신의 취미와 친구들과의 시간을 더 중요하게 여기셨어요. 그래서 저는 항상 누군가의 관심을 받고 싶었어요. 눈에 띄고 싶었죠. 학교에서는 항상 1등을 했고 교내외 대회마다 참가했어요. 상을 받아 오면 혹시 부모님이 나를 알아봐 주실까 했는데, 늘 형식적인 칭찬뿐이었죠. '그래, 잘했다'라는 건조한 한마디뿐 달라지는 건 없었어요."

그녀의 삶은 모든 것을 이룬 것처럼 보였다. 명문대를 졸업하고 곧바로 좋은 회사에 취직했으며, 결혼해서 두 아이의 엄마가 되었다. 하지만 내면은 공허했다. 인정받고 싶다는 갈망이 끝없이 그녀를 지배했다.

"매일 아침 거울 보는 시간이 점점 길어져요. 화장이 완벽해야 하고, 머리카락 한 올도 흐트러져선 안 된다고 생각해요. SNS에는 완벽한 가족 사진만 올려요. 친구들이 부럽다고 댓글을 달면 잠시나마 행복해져요. 누군가 내 존재를 알아봐 주는 것 같거든요. 그런데 요즘 악몽을 자주 꿔요. 꿈에서 저는 무대 위에 서 있어요. 아무도 없는 관객석을 향해 필사적으로 소리치고 있죠. 그런데 아무리 외쳐도 아무도 듣지 않아요. 그러다 갑자기 제 몸이 투명해지기 시작해요. 완전히 사라질 것 같은 공포를 느끼며 깨어나죠."

그녀는 노력한 만큼 안정적인 환경을 누렸지만, 어릴 적부터 부족했던 인정 욕구는 채워지지 않았다. 그러던 어느 날, 그녀는 오래된 기억 하나를 꺼내놓았다.

"초등학교 운동회 날이었어요. 제가 달리기에서 1등을 했는데 역시나 부모님은 오시지 않았어요. 그날 비가 내렸고 다른 아이들은 부모님이 우산을 씌워주며 집에 돌아갔지만, 저는 혼자 비를 맞으며 걸어갔어요. 온몸이 다 젖었죠. 집에 도착해서 거울을 봤는데, 웃고 있더라고요. 왜 웃고 있었는지 모르겠어요. 그런데 그때 마주한 거울 속 제 모습이 가장 진짜에 가까운 나 같았어요."

라캉의 관점에서 보면, 그녀의 초등학생 시절 기억은 매우 중요한 의미를 품고 있다. 비에 젖은 채 거울을 마주했던 그 순간, 그녀는 상상계의 완벽한 이미지와 현실의 자신 사이에 존재하는 간극을 처음으로 경험했을지도 모른다. 그녀에게 부모의 무관심은 상징계의 질서로 작용했을 것이다. 관심의 부재가 그녀에게 '네 존재는 뭔가를 잘해야만 가치가 있다'는 암묵적 규범을 심어줬다. 그 결과 그녀는 타인의 인정을 통해서만 자신의 존재를 확인할 수 있다고 믿게 되었고, 사회가 요구하는 '프리티'의 이미지를 끊임없이 좇게 되었다.

희서 씨는 진료를 진행하며 점차 자신이 원하는 인정 욕구는 결코 채워질 수 없다는 사실을 받아들이게 되었다. 그리고 삶의 변화를 조금씩 상상하기 시작했다. 진료를 받던 중 그녀는 타인의 인정을 갈구하던 습관을 잠시 내려놓기로 했다. "SNS를 끊어볼까 해요. 남의 시선에 제 가치를 맡기는 게 너무 지쳐요."

그다음 주, 그녀는 평소보다 조금 늦게 도착했다.

"어제 딸과 함께 비를 맞으며 걸었어요. 처음엔 아이가 깜짝 놀라며 어리둥절해했지만, 금세 즐거워하더라고요. 집에 와 거울을 보니 옷이 다 젖고, 머리가 엉망이 되어 있었어요. 그런데 딸이 이렇게 말하는 거예요. '엄마, 예쁘다'라고요. 그 말이 왜 그렇게 마음에 와닿았는지 모르겠어요."

모든 불완전함 속에
진짜 당신이 있다

우리 삶에서 진정한 변화는 거대한 강물처럼 시작되지 않는다. 그것은 작은 물줄기에서 비롯된다. 잠들기 전 단 5분 동안 그날의 감정을 돌아보는 것. '오늘 나는 무엇을 느꼈지? 어떤 선택을 했고, 그 이유는 무엇이었을까?' 이러한 질문을 스스로에게 던지는 것. 평소 가보지 않던 서점에 들러 새로운 책을 골라보거나, 가족들에게 "요즘 어떤 생각을 하고 있어?"라고 물어보는 것. 이런 소소한 실천이 쌓여 우리를 자아실현의 길로 안내한다.

자아실현의 여정은 영화 속 주인공들처럼 극적인 전환과 함께 진행되지 않는다. 현실에서의 변화는 느리고, 때로는 고통스러우며, 많은 인내를 요구한다. 수십 년 동안 형성된 습관과 사회적 기대를 하루아침에 바꾸는 것은 거의 불가능에 가깝다. 그러나 그 여정을 시작하지 않는다면 우리는 영원히 타인의 시선 속에 비치는 모습을 갈구하며 살아가게 될지 모른다.

사회가 만든 당연한 기준에 의문을 던져보자. 왜 우리는 이런 옷을 입어야 하고, 이런 차를 몰아야 하며, 이런 집에 살아야 한다고 생각할까? 이런 질문들은 처음에는 불편할 수 있지만 그 불편함 속에서 진정한 자아를 발견할 실마리가 숨어 있다.

영화 〈어글리〉의 마지막 장면에서 탤리는 결국 '프리티'가 되기를 거부한다. 그녀의 선택은 긴 고민과 성찰, 그리고 진정한 자신을 찾으려는 깊은 갈망의 결과다. 라캉의 관점에서 보면 그녀는 비로소 상상계의 환영과 상징계의 속박에서 벗어났다. 이제 그녀는 거울 속 이상적 이미지를 좇지 않으며 사회가 강요하는 역할과 규범을 넘어서는 길을 선택한다.

우리는 매일 거울과 싸운다. 거울 속 환영과 실제 자아 사이, 그 좁은 틈에서 숨을 쉬며 살아간다. 선택은 두 가지뿐이다. 끝없이 '프리티'를 좇거나, 불완전하지만 진짜 자신을 마주하거나. 희서 씨처럼 한 번쯤은 비 오는 날 우산을 내려놓는 방법을 선택해 보자. 그 순간, 자유의 첫 호흡을 경험하게 될 것이다. 머리카락이 흐트러지고, 화장이 번지고, 옷이 젖어도 괜찮다. 그 모든 불완전함 속에 진짜 당신이 있다는 것을 잊지 말아야 한다.

솔직함은 무기가 될 수 없다

"당신이 똑똑하다고 말하지 마세요. 저도 알아요. 당신이 똑똑하다는걸."

영화 〈소셜 네트워크〉에서 변호사가 마크 저커버그에게 던진 이 말은 오늘날 똑똑한 사람들이 가진 특유의 태도에 대해 날카로운 통찰을 제시한다. 영화 속 저커버그는 자신의 지적 우월감을 무기 삼아 타인을 깎아내리며, 주변 사람 마음에 깊은 상처를 남긴다. 그럼에도 불구하고 그는 "난 그저 솔직하게 말했을 뿐이에요"라고 말한다. 자신의 솔직함이 남들에게 어떤 상처를 주는지 결코 이해하지 못한다.

우리 주변에는 솔직함을 무기로 사용하는 사람들이 있다. 그들은 자신의 무례를 솔직함으로 포장하며, 마치 그것이 미덕인

양 행동한다. 그 솔직함의 이면에는 어떤 심리적 메커니즘이 작용하고 있을까?

솔직함의 두 얼굴

서울 강남의 한 IT 기업에서 일하는 혁주 씨의 이야기는 현대 사회에서 솔직함이라는 개념이 어떻게 왜곡되고 있는지를 생생하게 보여준다. 최신 유행의 옷을 입고 자신감에 찬 눈빛을 띠고 있는 그는 세련되고 지적인 '힙'한 젊은이의 전형적인 모습이다. 그러나 그가 내뱉는 말들은 세련된 외양과 극명한 대조를 이룬다. 특히나 업무 현장에서의 그의 솔직함은 날카로운 칼이 되어 타인을 겨눈다.

"코딩 실력이 그 정도밖에 안 돼? 내가 대학 3학년이었을 때보다 형편없는데?"

후배의 실수를 지적할 때마다 그는 그들의 자존심을 가차 없이 짓밟았다. 회식 자리에서도, 나이 많은 선배에게도 그의 솔직함은 멈추지 않았다.

"부장님, 솔직히 이번 프로젝트가 망한 건 윗분들의 잘못된 결정 때문 아닌가요? 처음부터 잘못된 지시를 내린 거잖아요."

타인의 냉랭한 시선과 조심스러운 조언에도 그는 태도를 바꾸지 않았다. 오히려 자신의 태도를 솔직한 성격이라 칭하며 자랑스럽게 여겼다.

"난 그냥 솔직한 거야. 이런 솔직함도 능력이 있으니 가능한 거지. 싫으면 무시하라고 해."

심리학자 로이 바우마이스터Roy Baumeister와 그의 동료들이 진행한 연구에 따르면, 타인을 무시하거나 공격적으로 대하는 행동은 자신의 자아가 위협받을 때 나타나는 방어 반응으로 해석된다. 특히 자기 긍정적 자아상이 도전받을 때 공격성이 증가한다는 점은 주목할 만한 부분이다.

어릴 적부터 부모님의 과도한 기대와 압박 속에서 자란 혁주 씨에게 솔직함은 하나의 생존 전략이었다. 부모님의 높은 기대는 그에게 항상 뛰어나야 하며, 약점을 드러내선 안 되고, 남들보다 우월해야 한다는 신념을 심어주었다.

다시 말해 일견 단단해 보이는 그의 자아는 사실 매우 취약한 상태라고 볼 수 있다. 그는 타인을 향한 날카로운 비판으로 자신의 연약함을 숨기며, 다른 사람을 무시함으로써 자신의 부족함이 드러날 위험으로부터 스스로를 보호한다. 과대평가된 자기 이미지와 타인을 깎아내리는 갑옷에 둘러싸여 언제든 세상과 싸울 태세를 보였다.

그의 솔직함은 도대체 왜 이토록 강력한 무기이자 단단한 권력이 되는 걸까? 프랑스의 철학자 미셸 푸코Michel Foucault는 이런 현상을 흥미롭게 바라볼 수 있는 관점을 제시한다. 푸코에 따르면 권력은 우리가 흔히 생각하는 것처럼 단순히 '위에서 아래로' 흐르는 것이 아니다. 그것은 마치 공기처럼 일상의 모든 관계 속에 스며 있다. 특히 '나는 이것을 잘 안다'라는 자의식과 결합될 때 권력은 더욱 강력해진다.

혁주 씨의 "코딩 실력이 그 정도밖에 안 돼?"라는 말은 단순한 질문이 아니다. 그 속에는 'IT 전문가로서의 나', '실력자인 나', '선배인 나'라는 여러 겹의 권력이 숨어 있다. 그의 솔직함은 이러한 권력들을 날카롭게 벼린 것이다.

또한 푸코는 권력에 관해 남과 다른 의견을 가졌다. 즉, 권력 자체를 나쁘다고 보지 않았다는 점이다. 권력은 파괴적일 수도 있지만 창조적일 수도 있다. 푸코가 말하는 권력에 관한 의견으로 솔직함을 따져보자면 마찬가지 아닐까? 솔직함은 상처를 주는 칼날이 될 수도 있지만, 반대로 성장을 돕는 양분이 될 수도 있다.

푸코는 솔직함과 관련한 더 흥미로운 이야기를 들려준다. 고대 그리스에는 '파레시아parrhesia'라는 특별한 개념이 있었다. 이 말은 '모든 것을 말하기'라는 뜻으로, 언뜻 혁주 씨의 솔직함과 비슷해 보이기도 한다. 하지만 파레시아는 단순히 마음속 생각을 모두 털어놓는 것을 의미하지 않는다. 위험을 감수하고 진실을 말하는 용기 있는 행위를 포함한다.

그가 후배에게 "이 코드는 형편없어"라고 했던 말은 진실을 알리기 위한 용기 있는 도전이 아니라, 그저 자신의 우월감을 확인하기 위한 공격이었을 뿐이다. 푸코가 말하는 진정한 파레시아는 마치 정원사가 식물을 가꾸듯 조심스럽고 세심한 행위다. "이 부분은 이렇게 바꾸면 더 효율적일 거예요. 제가 경험한 적이 있는데…" 이러한 방식이 파레시아에 가깝다. 상대를 해치기 위한 것이 아니라, 함께 성장하기 위한 진실의 말하기다.

솔직함이라는 칼날은 결국 자신을 향한다

시간이 흐르면서 혁주 씨의 솔직함은 그를 점차 고립된 섬으로 만들어 갔다. 팀 프로젝트에서는 번번이 제외됐고, 친구들은 하나둘 그의 곁을 떠났다. 솔직하고 세련된 외양을 과시하는 SNS에서는 팔로워 수가 늘어났지만, 정작 힘들 때 연락할 수 있는 사람은 한 명도 남지 않았다. 그가 결국 나를 찾아와 모든 이야기를 털어놓게 된 이유이기도 했다.

솔직함이라는 씨앗은 어떤 곳에서 자라느냐에 따라 전혀 다른 열매를 맺을 수 있다. 예를 들어 중견 개발자가 된 혁주 씨가 새로 들어온 신입 개발자를 만났을 때를 상상해 보자. 신입에게 업무의 단점을 지적하며 주눅 들게 하는 대신, 자신의 경험을 나누며 어려움을 느끼는 부분을 하나하나 짚어준다. 때로는 늦은 시간까지 남아 신입 개발자의 코드를 함께 검토하며 조언을 아끼지 않는다. "이 부분은 이렇게 바꾸면 더 효율적일 거예요. 이렇게 수정하면 나중에 관리하도 쉬울 거고요." 날카로운 비난과는 다른 모습이다. 따뜻한 조언에 가까운 솔직한 피드백을 들은 신입 사원의 코드 품질은 크게 향상되고, 팀에 기여하는 모습도 두드러진다.

물론 이러한 변화는 쉽지 않을 것이다. 오랜 시간 형성된 자신만의 방식을 바꾸는 것은 마치 강물의 방향을 바꾸는 것처럼 큰 결심이 필요하다. 그 결심은 외부에서 오는 것이 아니라 자신의 삶을 더 풍요롭게 만들고 싶다는 내면의 희망에서 나와야 한다.

솔직함의 문제는 혁주 씨 한 사람의 이야기로 끝나지 않는다. 그의 모습은 어쩌면 우리 사회의 민낯을 보여주는 거울인지도 모른다. SNS에 난무하는 악의 섞인 댓글들, 인터넷 커뮤니

티의 무차별적인 비난, TV 예능 프로그램의 조롱 문화, 누군가를 향한 저주 섞인 악담들… 이 모든 것이 솔직함이라는 이름으로 포장되어 있다.

　익명이라는 가면 뒤에서 우리는 얼마나 쉽게 솔직함이라는 칼날을 휘두르고 있을까? 스마트폰 화면 너머의 누군가가 흘리는 눈물은 보지 않은 채로 말이다. 타인의 감정에 대한 둔감함은 마치 전염병처럼 퍼져나가고, 그 자리에 차가운 적대감만이 자라난다.

　영화 〈죽은 시인의 사회〉에서 키팅 선생님은 이렇게 말했다. "우리가 시를 읽고 쓰는 이유는 아름다워서가 아니다. 우리는 인류의 일원이기 때문에 시를 읽고 쓴다." 이 말은 단순한 자기표현을 넘어서는 무언가를 암시한다. 우리의 언어가 가진 깊은 울림, 그것이 다른 이의 마음에 닿았을 때 일어나는 특별한 변화의 힘을 일깨워 준다. "누가 뭐라 해도 언어와 아이디어는 세상을 바꿀 수 있다"라는 그의 또 다른 말은, 우리가 가진 표현의 힘이 얼마나 큰지 가르쳐 준다. 그 힘은 세상을 더 차갑게 만들 수도, 더 따뜻하게 만들 수도 있다.

　로이 바우마이스터의 연구가 보여주듯, 타인을 향한 날선 말들은 종종 우리 안의 깊은 불안과 두려움에서 비롯된다. 솔직함이라는 날카로운 칼날을 휘두르며 자신을 방어하려 할 때마다, 어쩌면 우리는 더 소중한 것들을 잃어가고 있는지도 모른다. 마치 예리한 검으로 주변의 모든 것을 베어내다가 결국 자신의 곁에 아무것도 남지 않게 되는 것처럼 말이다.

혁주 씨는 여전히 상담을 통해 해결 방법을 찾고 있다. 언제나 자신의 말이 옳다고 믿고 그 옳음을 솔직함이라는 포장지를 통해 내지르기만 했었던 그에게 해결은 쉽지만은 않을 것이다. 하지만 꾸준히 병원을 찾는 혁주 씨에게 변화는 분명 찾아올 것이다. 결코 삶은 홀로 살 수 없다는 진실을 깨닫고 이내 자신을 증명하는 건강한 방법을 찾아낼 것이다.

혁주 씨의 이야기는 그래서 우리 모두의 이야기다. 날카로운 솔직함으로 자신을 보호하려 했던 순간들, 그래서 오히려 더 외로워졌던 시간들, 하지만 그 속에서도 여전히 변화의 가능성을 품고 있는 우리의 모습이다. 푸코가 말했던 파레시아, 그 용기 있는 진실 말하기는 어쩌면 우리가 천천히, 그러나 꾸준히 배워 나가야 할 하나의 예술일지도 모른다.

거울 속에 비친 나는 누구일까

우리는 매일 셀 수 없이 많은 거울 앞에서 자신을 마주한다. 욕실 세면대 위의 거울, 엘리베이터에 달린 거울, 스마트폰 화면 속 반사된 얼굴과 더 나아가 인스타그램에 올리는 셀카까지. 그러나 이 모든 거울 중 어느 하나도 우리의 진짜 자아를 비춰 내지는 못한다. 아니, 오히려 이 수많은 거울은 우리의 모습을 점차 왜곡시키고 있다.

오늘날의 일상은 끊임없이 자기 이미지를 만들어 내고 소비하는 과정으로 가득하다. 거울 앞에서 자기 연출로 하루를 시작하고 그 연출은 종일 이어져 디지털 세계로 확장된다. 인스타그램 피드에는 철저히 다듬어진 완벽한 일상을, 페이스북 타임라인에는 성공한 모습을, 링크드인 프로필에는 전문가다운 이미지를 내세운다. 빛이 프리즘을 통과하며 다채로운 색으로 흩어지듯, 하나의 자아는 수많은 이미지로 분산되지만 그 안에서는 늘 더 나은 사람으로 보여야 한다는 강박이 자리 잡고 있다.

이러한 디지털 거울 속에 담긴 화려한 이미지는 완벽함이라는 껍질 안에 우리 자신을 가두어 버린다. 그 안에 숨겨진 모습, 어떤 거울에도 비치지 않는 우리의 진짜 얼굴은 불안하고, 고독하며, 때로는 공허하기까지 하다. 하루를 마치고 스마트폰을 내려놓으며 혼자가 되는 순간, 문득 마주하게 되는 그 낯설고도 진솔한 얼굴을 떠올려 보라.

왜곡된 거울로
바라보는 세상

언젠가 병원을 찾아왔던 정희 씨의 이야기는 이런 시대의 자화상을 그대로 보여준다. 그녀가 기억하는 어머니는 매번 시험 점수를 묻고 다른 아이와 비교하는 모습이었다. "정희야, 이번 시험은 몇 등 했니?" 중학생이 된 후 어머니의 날카로운 목소리는 반복되었다. "옆집 애는 1등 놓친 적 없이 벌써 서울대 준비반에 들어갔다는데, 넌 대체 뭐하고 있니?"

아버지는 회사 일로 늘 바빴다. 집에 돌아와도 정희 씨와는 몇 마디 대화조차 나누지 않은 채, 텔레비전을 보거나 노트북을 들여다보곤 했다. 마치 거울 속에서 서로를 바라보는 사람들처럼 서로를 눈앞에 두고도 아무것도 제대로 보지 못했다. 어느날 정희 씨의 성적이 떨어졌다는 이야기를 들은 아버지는 무심히 한마디를 던졌다. "공부만으로 안 되면 미술을 시켜봐."

고등학교에 입학한 후 그녀는 미대 입시 준비에 매달렸다. 다행히 미술은 적성에 맞았지만, 학교에서는 점점 더 고립되어 갔다. 조용하고 내성적인 성격, 늘 남의 눈치를 보는 태도 때문에 여전히 친구들과는 제대로 어울리지 못했다. 외톨이가 된 그녀는 마치 좁은 거울에 갇혀버린 듯, 타인의 시선을 언제나 자신을 향한 비난으로 해석했다.

정희 씨의 모습은 스위스 발달심리학자 장 피아제Jean Piaget와 그의 동료 베르벨 인헬더Bärbel Inhelder가 1956년 저서 『아이들의 공간 개념 The Child's Conception of Space』에서 소개한 '세 산 과제' 실험을 떠올리게 한다. 실험 방법은 다음과 같다. 세 개의 산 모형이 놓인 테이블 앞에 실험 참가자인 아이가 앉는다. 세 개의 산은 각기 다른 특징을 가진 것으로, 하나는 눈 덮인 산, 다른 하나는 붉은 십자가가 있는 산, 그리고 마지막은 작은 집이 있는 산이다. 그런 다음 테이블 맞은편에 인형을 두고, 아이에게 인형의 위치에서는 산들이 어떻게 보일지 추측해 보라고 한다.

결과는 흥미로웠다. 7세 미만의 아이들은 인형이 어디에 있든 상관없이 자신이 보고 있는 모습 그대로를 선택했다. 예컨대 아이가 있는 위치에서 눈 덮인 산이 가장 크게 보인다면, 인형의 위치에서는 작은 집이 있는 산이 더 크게 보일 텐데도 불구하고, 여전히 눈 덮인 산이 가장 크다고 대답한 것이다. 심지어 어떤 아이들은 인형을 자신의 자리로 옮기며 "여기서 보면 되잖아요"라고 말하기도 했다.

이 실험은 아이의 자기중심성을 보여주는 전형적인 사례로, 아이들이 타인의 관점을 이해하는 '조망 수용 능력'이 아직 발달하지 않았음을 시사한다. 7~8세에 이르러서야 비로소 아이들은 자신이 보는 것이 세상의 전부가 아니라는 사실을 깨닫기 시작하는데, 정희 씨의 경우 이 발달 과정이 독특한 방식으로 왜곡되었다.

여기서 중요한 점은 피아제의 이론이 단순히 아동기에 국한된 것이 아니라는 사실이다. 현대 심리학자들은 자기중심성이 성인기에도 다양한 형태로 남아 있음을 발견했다. 특히 디지털 시대에는 소셜 미디어가 만들어 낸 새로운 형태의 '디지털 자기중심성'이 나타날 수 있다. 이는 정희 씨의 사례를 통해 여실히 드러난다.

어린 시절부터 어머니의 끊임없는 평가 속에서 자란 그녀는 타인의 시선을 지나치게 의식하게 되었다. 역설적이게도 그녀는 타인의 눈치는 기막히게 살피면서도, 정작 상황의 맥락은 제대로 이해하지 못했다. 마치 왜곡된 렌즈를 통해 세상을 바라보는 것처럼, 모든 상황을 자신에 대한 평가나 비판으로 해석했다.

예를 들어 동료가 "오늘 머리 모양이 달라 보이네요"라고 별 뜻 없이 이야기를 건네면, 그녀는 '내 머리가 평소엔 별로였나 봐'라며 자기 비하로 받아들인다. "점심 같이 먹을까요?"라는 친근한 제안조차도 '나를 불쌍히 여기는 걸까?'라는 피해의식으로 해석한다. 상대방의 진정한 의도나 상황적 맥락을 이해하지 못한 채, 그녀는 자신에 대한 부정적 평가의 단서만을 찾아내는 데 천부적인 능력을 발휘했다.

이것이 바로 정희 씨만의 독특한 자기중심성이다. 이 심리적 특성은 '모든 사람이 자신을 지켜보고 있다'는 착각으로, 일부 성인에게는 사회불안으로 이어질 수 있다. 정희 씨의 경우 이 현상이 강화된 형태로 나타난 것이다.

겉으로는 타인의 시선을 의식하는 듯 보이지만, 실제로는 자신만의 왜곡된 관점에 갇혀 있다. 마치 세 산 과제의 아이들이 인형의 시점을 이해하지 못한 것처럼, 정희 씨도 타인의 진정한 관점이나 의도를 파악하지 못한 채, 자신이 만들어낸 왜곡된 거울 속에서 세상을 바라보고 있는 것이다.

완벽함에 갇힌 자아

대학을 졸업한 정희 씨는 UI/UX 디자이너로 일하게 되었다. 그녀는 한 픽셀의 흐트러짐도 용납하지 않고 사용자 경험이 완벽한 흐름을 이루도록, 밤을 새워 비슷한 작업을 수없이 반복했다. 하지만 그녀의 인스타그램에는 지난 1년 동안 단 세 개의 게시물만이 올라와 있다. 주변 디자이너들은 매일같이 새로운 작업물을 올리며 자기 작업에 애정을 내비치지만, 정희 씨는 그 시간에 자신을 향한 끝없는 검열의 시간을 보내는 것이다. 오직 완벽하다고 판단한 프로젝트들만 올리며 그간 애써 만들어 낸 수십 개의 다른 작업물들은 '충분히 좋지 않다'는 이유만으로 저장 폴더에 묻힌다.

거울 속에서 정희 씨가 발견하는 것은 언제나 부족한 자신뿐이다. 그녀의 세계에서 '보통의 것'은 곧 실패를 의미한다. 더 완벽한 디자인, 더 효율적인 사용자 경험, 더 세련된 인터페이스… 끝임없이 밀려드는 '더'의 압박 속에서 정희 씨는 자신을 깎아 내고 다듬는다. 마치 끝없이 반사되는 거울의 방에 갇힌 사람처럼, 무수히 쪼개진 자신의 이미지들 속에서 진짜 자신을 찾지 못한 채 헤맨다.

영화 〈에이스 그레이드〉의 주인공 케일리는 자신의 유튜브 채널에 영상을 올린다. "안녕하세요, 오늘의 주제는 자신감이에요." 카메라 앞에 앉은 열세 살 소녀의 목소리가 미세하게 떨린다. "사실 전 학교에서 말을 별로 많이 하지 않아요. 오늘도 아무도 내게 말을 걸지 않을까 봐 두려웠어요. 제가 이상한 걸까요?" 조회 수는 얼마 되지 않고, 영상 편집도 서툴지만, 그녀의 영상에는 꾸밈없고 담백한 매력이 있다.

반면 UI/UX 디자이너로서 정희 씨는 화면 속 모든 요소를 완벽하게 정렬하고 배열하는 데 능숙하다. 그녀는 자신의 삶도 그렇게 정렬하려 애쓴다. 한 치의 오차도 허용하지 않고, 한 줄의 흐트러짐도 받아들이지 않겠다는 듯, 디지털 인터페이스처럼 완벽하게 통제된 삶을 살아가려 노력한다. 정희 씨의 세상에는 완벽한 격자만이 존재한다. 하지만 삶은 결코 그러한 격자 안에 완벽히 맞출 수 없다. 열세 살 케일리에게 있는 서툰 진정성을 정희 씨에게서는 찾아볼 수 없다.

우리는 끊임없이 자신을 깎아내며 완벽한 작품을 만들려 한다. 하지만 어쩌면 우리는 이미 가장 완벽하게 '미완성된' 작품인지도 모른다. 디자인의 혁신이 때로는 규칙을 깨는 데서 시작되듯, 삶의 진정한 순간들도 계획된 픽셀 사이의 여백에서 피어난다. 삶의 아름다움은 완벽하게 정렬된 그 격자 바깥에 있다.

정희 씨가 진정으로 해방되는 순간은 자신에게 오차와 여백을 허용할 때일 것이다. 머지않아 그녀가 불완전함의 바다에 뛰어들어 자유롭게 헤엄을 칠 수 있기를 바란다. 그렇게 될 때 그녀는 마침내 세 산 과제의 제한된 관점에서 벗어나, 모든 방향에서 산들을 바라볼 수 있는 성숙한 시각을 얻게 될 것이다.

진정한 평범함을 찾아서

나는 매일 진료실에서 다양한 사람들의 각기 다른 고통을 들여다본다. 명문대에 진학할 성적이 부족해 우울증에 빠진 재수생, 강남에 살지 않는다는 이유로 열등감을 느끼는 중년 여성, 갑작스러운 퇴직 후 노후에 대한 불안으로 밤잠을 설치는 중년 남성까지. 그들이 겪고 있는 고통은 깊은 바닷속처럼 아주 차갑고 어둡다. 하지만 누군가는 같은 상황에서도 전혀 고통을 느끼지 않는다. 그렇다면 나를 찾아오는 사람들이 느끼는 고통의 본질은 무엇일까?

최근 진료실에서 만난 진호 씨도 자기만의 고통에 빠져 있었다. 그는 평범한 회사원으로 아들 민수와의 관계가 유난히 특별했다. 진호 씨는 매일 일찍 일어나 아들의 아침밥을 직접 준비했고, "아빠가 해준 김치볶음밥이 세상에서 제일 맛있어요"라는 아이의 말에 행복을 느꼈다. 언제부터인가 아내와의 관계는 소원해졌지만, 아들 민수를 위해 결혼 생활을 유지하고 있었다.

하지만 그에게는 오랫동안 감춰온 비밀이 있었다. 바로 아들 민수를 입양했다는 사실이었다. 진호 씨는 민수가 고등학생이 될 때까지도 누구에게도 사실을 말하지 않았다. 아내는 처음엔 입양을 강하게 반대했지만, 아이를 가질 수 없는 부부에게 선택할 수 있는 최선의 길은 그것뿐이었다. 그는 민수를 처음 품에 안았을 때부터 망설임 없이 자신의 아들로 받아들였다. 그리고 언젠가 민수가 충분히 성장했을 때, 아이에게 진실을 전할 계획이었다.

세상이 정한
이상한 평범함

한국 사회는 기묘한 구석이 있다. 정해진 틀을 벗어나면 매서운 눈초리를 보낸다. 입양도 다르지 않다. 대단한 결정이라고 치켜세우면서도 한편으론 '피가 섞이지 않은 남의 아이'라는 시선으로 바라본다. 진호 씨는 단 한 번도 민수를 남의 아이라고 생각해 본 적이 없지만, 그렇다고 입양 사실을 주위 사람들이나 아들에게 솔직하게 말하지는 못했다.

개인이 인정하고 만족하는 특별함이 아닌 사회 구성원 대다수가 인정하는 특별함만을 쫓는 순간 프랑스 사회학자 피에르 부르디외Pierre Bourdieu가 말한 '아비투스Habitus'의 모순이 그대로 드러난다. 아비투스란 개인이 사회화 과정에서 무의식적으로 습득한 사고방식, 행동 양식, 취향, 인지 방식 등을 말한다. 자녀를 명문대에 보내야 한다는 강박, 강남 아파트에 살아야 한다는 집착, 혈연으로 이어진 '정상 가족'이라는 신념은 단순한 욕망이나 규범이 아니다. 이는 우리의 몸과 마음에 새겨진 보이지 않는 생활 양식과도 같다.

우리는 무의식적으로 사회가 정한 성공의 기준을 내면화하고 그 기준에 맞춰 살아가려 한다. 마치 정해진 트랙 위를 달리는 경주마처럼 말이다. 트랙을 벗어나는 순간 우리는 비정상이 되어버린다. 남들보다 빨리 달리는 특별한 경주마가 되기를 원하지만 동시에 트랙을 벗어나도 안 되고, 다른 방식으로 달려서도 안 된다. 즉 우리는 끊임없이 특별해지기를 강요받으면서도, 동시에 남들과 다른 부분은 숨겨야만 한다.

남들과 다르게 입양을 선택한 진호 씨조차 이런 사회적 기대에서 자유롭지 못했다. 어느 날 민수가 음악에 재능을 보였을 때 그는 민수에게 "음악은 취미로 하고, 공부에 충실해야지"라고 말했다. 자신이 아버지로부터 들었던 "공부해서 성공해라"라는 말을 그대로 전하고 있었다. 그도 모르게 자신의 아버지를 닮아가고 있었던 것이다. 사회가 정한 성공의 기준인 좋은 대학, 안정된 직장을 향해 민수를 이끌려 했다.

진호 씨가 나를 찾아온 진짜 이유는 따로 있었다. 어느 날 아들 민수가 학교에서 쓰러지고 말았다. 백혈병이라는 의사의 말이 아득하게 들렸다는 그는, 뒤이어 골수 이식을 위해 부모님 먼저 검사를 받으라는 말에 심장이 멈춰버리는 것 같았다고 말했다. 오랜 시간 감춰온 비밀이, 오랜 시간 쌓아올린 그의 일상이 무너지고 만 것이다.

"검사 결과를 기다리던 일주일은 끝없는 악몽 같았어요. 그리고 예상했던 결과를 마주하게 되었죠. 저와 아내의 골수가 맞지 않는다는 현실을 마주하자 숨이 막혀왔습니다. 무엇보다 골수 이식을 기다리던 민수에게 그 사실을 말하는 게 가장 힘든 일이었습니다. 그러다 마침내 용기를 냈어요. 그리고 민수에게 말했습니다. 너는 아빠와 엄마가 가슴으로 품은 아들이라고 말이죠. 민수는 고개를 숙이고는 오랜 침묵 후에 조용히 물었어요. 언제부터 자기가 아버지의 아들이었냐고 말이죠."

진호 씨는 민수의 손을 잡고 "백일도 안 된 네가… 처음 우리 품에 안겼을 때… 그때부터 넌 우리의 전부였어"라고 고백했다고 했다. 그렇게 두 사람은 비로소 진실을 사이에 둘 수 있었다.

투병을 이어가던 어느 날 민수가 자신이 음악을 하려던 걸 왜 반대했냐고 물었다.

"아빠도 잘 몰랐던 것 같아. 그냥 그게 맞다고 생각했지. 좋은 대학 가고, 안정적인 직장 잡고… 다들 그렇게 살아야 한다고 믿으면서 살아왔으니까. 어느 순간부터 그게 당연하다고 생각했나 봐."

그렇다. 우리는 모두 무언가에 갇혀 살아왔다. 진호 씨는 '정상 가족'이라는 틀에, 민수는 '모범적인 아들'이라는 틀에. 그리고 그들은 '세상이 정한 평범함'을 의심도 없이 지키며 살아왔던 것이다.

진호 씨의 이야기는 우리에게 깊은 질문을 던진다. 그는 아들에게 평범함이라는 선물을 주고 싶었을 뿐이다. 하지만 그 과정에서 또 하나의 굴레를 만들고 있다는 것을 나중에야 깨달았다. 입양 사실을 숨기고, 음악을 향한 꿈을 막으려 했던 것처럼. 어쩌면 그가 추구한 평범함이란 것도 우리 사회가 만들어 낸 또 하나의 굴레였을지도 모른다. 좋은 대학, 안정된 직장, 보편적인 가족의 모습…. 과연 그것이 진정 평범함일까?

진정한 평범함이란 있는 그대로의 모습을 인정하는 것뿐이다. 입양아라는 사실도, 음악을 사랑하는 마음도. 숨기거나 포장하지 않고 있는 그대로 살아가는 것. 그것이야말로 진호 씨가 아들에게 진정으로 주고 싶었던 선물이었을지 모른다.

2장

불행을 삶에서 제외시켜야 한다는 착각

어차피 우리는
저마다의 이유로 고통스럽다

왜 나에게만 이런 일이 벌어지는가

앞서 내담자였던 진호 씨의 이야기로 돌아가 보자. 임신이 어려워 입양을 선택한 진호 씨는 아들 민수의 급성 백혈병 진단 이후 무력한 감정에 빠져들었다. 아무리 노력해도 아들을 구할 방법은 없었다. 결국 민수의 병세는 빠르게 악화되었고, 두 달 후 병원에서 위급하다는 연락을 받았다. 진호 씨와 아내는 마지막 면회를 위해 방호복을 입고 각종 의료기기에 둘러싸인 민수의 모습을 내려다보았다. 진호 씨는 떨리는 손으로 점점 차가워져 가는 아들의 손을 잡고 실낱같은 희망조차 꺼져가는 상황을 지켜볼 수밖에 없었다.

『죽음의 수용소에서』를 쓴 오스트리아의 정신의학자 빅터 프랭클Viktor Frankl은 "삶을 견딜 수 없게 만드는 것은 환경이 아니라, 의미와 목적의 부재다"라고 말했다. 민수의 죽음 이후, 진호 씨의 삶은 완전히 무너졌다. 아들이 떠난 것보다 그를 더 고통스럽게 했던 것은, 민수와 함께 꿈꾸었던 미래가 한순간에 사라져 버렸다는 사실이었다.

진호 씨는 깊고 어두운 터널에 자신을 가뒀다. '왜 하필 나한테 이런 끔찍한 일이 일어났지?' 하고 끊임없이 자문하며 자신을 방치했다. 이내 자신에게만 유난히 특별한 불행이 들이닥쳤다는 억울함이 내면을 가득 채웠다.

피할 수 없는 고통 앞에서 우리가 선택할 수 있는 것

고통을 마주할 때 우리는 세 가지 방식 중 하나를 택한다.

첫째는 극복이다. 현대 사회는 끊임없이 극복을 요구한다. "노력하면 무엇이든 가능하다", "불가능은 없다"라는 말들이 주변을 에워싼다. 이러한 방식의 노력은 때로 성장의 원동력이 되기도 한다. 하지만 인간은 모든 고통을 극복할 수 없다. 죽음이나 상실 같은 피할 수 없는 고통과 자신의 노력으로 바꿀 수 없는 불행 앞에서 극복하려는 시도는 오히려 우리를 더 깊은 절망에 빠뜨린다.

둘째는 회피다. 고통스러운 현실에서 달아나고자 하는 방법이다. 술이나 약물에 의존하거나, 끝없이 일에 몰두하거나, 생각을 외면할 수 있는 다른 일들로 시간을 채우려는 노력이 회피에 해당한다. 그러나 잠깐 시선을 피한다고 그 고통이 사라지는 건 아니다. 회피한 고통은 언젠가 문득 더 큰 고통으로 돌아오기 마련이다.

셋째는 수용이다. 이는 단순한 체념과는 다른 개념이다. 진정한 수용이란 고통을 있는 그대로 받아들이면서도 그 속에서 새로운 의미를 찾아내는 것이다. 아우슈비츠 수용소에서 가족 모두를 잃은 프랭클은 수용이라는 개념에서 한 걸음 더 나아갔다. 그는 단순한 고통의 수용을 넘어 '의미를 통한 고통의 초월'을 이야기했다. 그는 고통을 피하거나 극복하려 하기보다는 그 안에서 의미를 발견할 때 진정한 자유를 얻을 수 있다는 가르침을 전했다.

진호 씨의 이야기는 앞서 이야기한 세 가지 반응을 모두 보여준다. 처음에는 아들의 병을 고치려 최고의 병원을 수소문하고 골수 이식 지원자를 찾았다. 더불어 고가의 항암제까지 사용했지만 치료는 불가능했고 결국 아들을 잃고 말았다. 진호 씨는 회사에 휴직계를 내고 모든 인간관계를 끊은 채 매일 밤을 술에 의지했다. 술은 잠시나마 고통을 덜어주었다. 생각의 회로를 끊어내고 아무런 의미 없이 깨어 있다 잠이 드는 것. 그것만이 그가 할 수 있는 일 같았다. 하지만 숙취와 함께 찾아온 것은 더욱 깊은 절망뿐이었다. 아무리 고통을 외면해도 눈을 뜨면 현실은 그대로였다. 아들 민수는 다시 돌아오지 않았다. 프랭클은 이를 두고 '실존적 공허'라 불렀다. 이는 단순히 일시적인 공허함이 아니라, 현대인들이 전통적 가치와 구조가 무너진 상황에서 흔히 경험하는 영적 위기를 의미한다. 삶의 의미를 잃고 방황하는 상태, 단순한 슬픔이나 우울을 넘어 존재 자체의 위기였다.

평소 친정집에 머무는 시간이 많았던 아내의 행동도 달라졌다. 그녀 역시 매일 민수의 방을 찾았고, 방에서는 밤마다 몰래 흐느끼는 소리가 들렸다. 진호 씨는 그제야 깨달았다고 말했다. "저만 민수를 진정으로 사랑했다고 생각했거든요. 하지만 아니었어요. 아내 역시 같은 고통을 짊어지고 있었어요." 한 집에 살면서도 마치 서로 다른 섬에 갇힌 것처럼, 각자의 방식으로 슬픔을 견디고 있을 뿐이었다.

그러던 어느 날, 진호 씨는 고지혈증을 치료받으러 주기적으로 다니던 병원 게시판에서 한 장의 포스터를 발견했다. '자녀를 잃은 부모들의 모임'이라는 글자가 그의 발걸음을 붙잡았다.

그날 저녁, 그는 오랜만에 술을 마시지 않았다.

첫 모임에서 진호 씨는 말없이 앉아 있었다. 교통사고로 아이를 잃은 부모, 암으로 딸을 보낸 부부, 자살로 아들을 잃은 어머니까지…. 그들의 이야기를 들으며 그는 깨달았다. 자신만 특별히 불행한 것은 아니라는 사실을, 그 자리에 모인 모두가 각자의 방식으로 상실과 싸우고 있다는 것을.

프랭클은 말했다. "고통 자체는 피할 수 없지만, 고통을 대하는 태도는 선택할 수 있다." 진호 씨는 선택의 기로에 놓여 있었다. 계속 고통 속에 머무를 것인지, 아니면 새로운 의미를 찾아 나설 것인지. 나는 이제 자신을 추스르고 새로운 선택을 향해 가야 한다고 말했다.

"몇 번 모임에 참여한 뒤에 머릿속이 뚜렷해졌어요. 어쩔 수 없다는 걸 드디어 받아들인 거죠. 제가 아무리 발버둥 쳐도 현실은 바뀌지 않는다는 사실을 깨달은 뒤에는 더 이상 고통스럽지 않았으면 좋겠다는 생각이 들었어요."

진호 씨는 미뤄뒀던 아들의 방을 정리하기 시작했다. 먼저 술병들을 치우고 구겨진 이불을 개었다. 쌓여 있던 먼지를 닦으며 창문을 열었다. 오랜만에 신선한 공기가 방 안을 가득 메웠다. 그는 아들의 물건들을 끌어안은 채, 처음으로 완전히 깨어 있는 상태에서, 또렷한 의식으로 아들을 위해 울었다고 말했다.

고통을 보는 관점이 달라질 때
삶은 다시 의미를 갖는다

그 후 진호 씨와 그의 아내는 서툴지만 조금씩 대화를 하기 시작했다. 때로는 민수의 어린 시절을 떠올리며, 때로는 가슴속 깊은 그리움을 조용히 나누었다. 그리고 한 달에 한 번, 민수가 잠든 수목장을 찾아 작은 소나무 아래에서 시간을 보내곤 했다. 입양했던 그날의 설렘과 민수의 첫 웃음소리는 이제 그들만이 아는, 그래서 더 소중한 기억이 되었다. 그들은 비통함이 그리움으로 희석되는 날이 언젠가 오리라는 것을 서서히 알아가는 중이었다.

"처음엔 왜 나에게 이런 일이 일어났는지 이해할 수 없었어요." 늘 다른 참석자의 말만 들었던 자조모임에서 그는 처음으로 입을 열었다고 했다. "지금도 완전히 이해하진 못해요. 하지만 이제는 질문이 달라졌어요. '왜'가 아니라 '이제 앞으로 어떻게 살아갈 것인가'를 묻게 되었어요."

프랭클이 수용소에서 얻은 깨달음, "인간에게서 모든 것을 빼앗을 수 있지만, 주어진 환경에서 자신의 태도를 선택하는 마지막 자유만은 빼앗을 수 없다"는 말의 의미를 진호 씨는 이제 조금씩 이해하고 있는 것 같았다. 상실은 피할 수 없지만, 그 상실을 어떻게 받아들이고 살아갈지는 결국 우리의 선택이라는 것을.

우리는 모두 살아가면서 크고 작은 상실과 고통을 경험한다. 그리고 고통스러운 순간마다 "왜 하필 나에게 이런 일이 생겼을까?"라는 질문에 사로잡히곤 한다. 그러나 진호 씨의 이야기가 보여주듯, 중요한 것은 그 질문에 대한 답을 찾는 것이 아니라 그 질문을 넘어서는 것이다. 고통을 무작정 극복하려 하거나 외면하는 대신, 그것을 수용하고 그 안에서 새로운 의미를 발견할 때 우리는 비로소 내면의 자유를 얻을 수 있다.

프랭클의 '의미를 통한 고통의 초월'이라는 표현처럼 고통 자체는 변하지 않더라도, 우리가 그 고통을 바라보는 관점이 달라질 때 삶은 다시 의미를 갖기 시작한다. 그는 이러한 태도를 '삶의 비극적 삼위일체(고통, 죄책감, 죽음)'에 직면해서도 의미를 찾을 수 있는 능력이라고 설명했다. 비록 진호 씨의 여정은 아직 끝나지 않았지만, 그는 조금씩 앞으로 나아가고 있다. 마치 어두운 터널 속에서 저 멀리 희미한 빛을 발견한 것처럼.

불행과 발맞춰 춤을 추는 삶

"전 원장, 잠을 도통 못 자겠어."

평소답지 않게 무거운 한숨을 내쉬며 진료실에 들어온 분은 초등학교 동창의 어머니였다. 어머님은 몇 년 전 살을 빼보겠다며 우리 병원을 찾아왔다가 이제는 단골이 된 분으로, 늘 "우리 전 원장은 웃는 얼굴이 참 예뻐. 오복이 다 들어가 있네"라며 푸근한 정을 나눠주셨다.

사람 좋은 웃음과 유쾌한 말투로 진료실을 밝게 만들어 주는 어머님은 애당초 엄격한 식이 조절이 필요한 비만 치료와는 어울리지 않는 성향이었다. 먹는 것이 너무 좋아 살을 빼기 어렵다는 둥, 해외여행에서 맛있는 것을 너무 많이 먹었다는 둥, 연말 모임이 많아 회식을 자제하기 어렵다는 둥 온갖 핑계를 대곤 했다. 내 입장에서는 만날 때마다 기분이 좋아지는 유쾌, 통쾌, 상쾌한 '불량 환자'였다.

가끔 친구분들을 우르르 데리고 와 단체로 비만 진료를 받을 때면, 진료실은 웃음소리로 가득 찼다. "원장님, 이 친구는 어제 술 마셨대요" 하며 서로를 고자질하다가도 까르르 웃곤 하셨다. 그런데 그날따라 어머님의 얼굴에는 깊은 그림자가 드리워져 있었다.

"아이고, 전 원장. 내가 사기를 당했지 뭐야. 그것도 아는 사람한테…."

항상 웃음이 가득하던 어머님의 목소리가 떨렸다. 몇 년 동안 알고 지낸 지인의 소개로 유명 작가의 그림을 구매했는데 위작으로 밝혀졌다는 이야기였다. 단순한 금전적 손실의 문제가 아니었다. 오랜 신뢰 관계가 무너졌고 자존심에 깊은 상처를 입었으며, 그동안 그림을 바라보며 느꼈던 모든 행복했던 순간들이 한순간에 거짓이 되어버린 것 같다고 했다.

"그 그림을 볼 때마다 얼마나 좋았는지 몰라. 아침마다 커피 한 잔 들고 한참을 보고 그랬어. 친구들 올 때마다 자랑하고…. 그래서 살이 더 안 빠졌나?"

농담을 곁들였지만 어머님의 눈가는 촉촉이 젖어 있었다. 그 브로커 지인과는 모임에서 몇 년간 친분을 쌓아왔고, 그래서 더 더욱 의심 없이 그림을 샀다고 한다. 나중에야 알게 된 사실이지만, 꽤 유명한 사기 사건이었고 피해자도 여러 명이었다. 브로커는 이미 해외로 돈을 빼돌린 상태였고, 소송을 해도 돈을 돌려받기는 어려울 것 같다며 한숨을 내쉬었다.

흥미로운 것은 그 그림이 위작이라는 사실이 밝혀지기 전까지 어머님에게 그 그림은 분명한 '진품'이었다는 점이다. 매일 아침 그림을 바라보며 커피를 마시던 그 순간들은 모두 진짜였고, 그녀가 느낀 감동과 기쁨도 모두 진실이었다.

프랑스의 철학자 장 보드리야르Jean Baudrillard는 이런 현상을 '시뮬라크르simulacre'라고 불렀다. 진짜보다 더 진짜 같은 가짜, 즉 원본이나 실재가 없는 상태에서도 그 자체로 의미와 가치를 생성하는 이미지를 의미한다. 마치 위작이 진품의 자리를 대신하고, 그 위작이 만들어 낸 행복이 오히려 더 진실해지는 것처럼 말이다.

"내가 뭐에 홀렸던 것 같아. 왜 그림을 사러 무슨 옥션 같은 델 쫓아다녔는지…."

어머님은 가족들도 모르게 그 그림에 큰돈을 투자했다며 이제 어떻게 해야 할지 모르겠다고 했다. "잠을 못 주무시면 수면제라도 좀 처방해 드릴까요?" 하며 운을 떼었더니 그건 됐다고 했다. 그냥 누군가에게 하소연을 하고 싶어서 바쁜 사람 붙들고 시간을 빼앗았다면서 나가시는 모습에서, 여전히 그분 특유의 밝은 기운이 느껴졌다.

가짜 그림이 만들어 낸 진짜 감정

어머님의 이야기를 듣자 문득 2006년 내 결혼식 때의 일이 떠올랐다. 나 또한 비슷한 경험이 있었다. 오랫동안 알고 지내던 지인분께 청첩장을 드리러 찾아간 날 결혼 선물을 받았다. 비단 보자기로 정성스레 싸여 있는 물건이었다. 조심스럽게 보자기를 끌러 보니 나무로 만든 특별한 함이 나왔고, 함을 열어 보니 서예 작품이 하나 담겨 있었다. 한국의 유일한 국새 장인이 만든 국새가 찍힌 서예 작품이라고 했다. 한지에 정교한 한문이 빼곡하게 쓰여 있었고, 말미에는 그 유명한 국새 장인의 도장이 선명하게 찍혀 있었다.

"이렇게 귀한 걸 어떻게…" 하며 사양하자 어르신은 "귀한 사람에게 주는 귀한 선물"이라며 기어이 건네셨다. 향교장을 하셨을 정도로 한학을 깊이 공부하신 친정아버지도 작품을 보시더니 "귀한 물건이니 잘 보관하라"고 신신당부를 했다. 그 후로 우리는 이사를 갈 때마다 그 서예 작품을 패물과 중요 서류들과 함께 각별히 챙기며 소중히 보관했다.

하지만 모든 것은 2010년 가을, 한 통의 전화로 바뀌었다. "내가 큰 실수를 했네. 미안해서 어쩌면 좋을지….' 작품을 선물해 주신 어르신이었다. "모두가 속은 국새… 제2의 황우석 사태", "40억 국새 사기극에 놀아난 백화점", "국새 사기에 농락당한 행안부", "유명 갤러리도 다 속았다… 민홍규 국새 사기 파문 확산" 등 유명한 국새 장인이 사기꾼으로 밝혀졌다는 떠들썩한 뉴스의 주인공이 나와 인연이 있을 거라는 건 상상도 하지 못했을 때였다.

상황이 복잡해졌다. 어르신은 당장 버리라고 말했지만, 그럴 수가 없었다. "귀한 사람에게 주는 귀한 선물"이라고 하셨던 그 마음을 버리는 것 같아서였다. 그렇다고 예전처럼 소중하게 느껴지지도 않았다. 더구나 친정아버지는 여전히 귀한 서예 작품으로 알고 계셨고, 표구를 해주겠다며 작품을 가지고 오라고도 했다. 차마 가짜 국새 장인이라는 말씀을 드릴 수가 없었다.

결국 서예 작품은 이사를 몇 번 다니는 동안 자연스레 분실되었다. 정확히 말하면, 분실되도록 내버려 두었다. 매번 이사할 때마다 챙기던 귀중품 목록에서 슬그머니 제외시킨 이후 어느 순간 우리 집에서 완전히 사라져 버렸다. 불편한 진실을 정면으로 마주하는 대신, 그것을 삶에서 지워버리는 쉬운 길을 선택한 것이다.

하지만 어머님은 달랐다. "그 그림을 보면서 좋았던 시간들은 여전히 내 안에 있더라고. 위작이라고 해서 그 시간까지 가짜가 되진 않나 봐." 이 말에는 우리가 미처 보지 못한 깊은 지혜가 담겨 있다. 위작이라는 '진실'이 그녀의 행복했던 기억마저 부정할 수는 없었던 것이다. 오히려 그 위작은 그녀에게 새로운 깨달음을 주었는지도 모른다.

"전 원장, 그 그림 말이야. 그냥 내가 거실에 걸어두고 봐야지 싶어. 뭐 어디 갖다 버릴 수도 없고, 그냥 작가가 그린 진품이 맞다고 혼자서 생각해야지. 사인이 없다뿐이지 작가의 작품이 맞을지도 몰라."

그런데 다음 말이 더 재미있었다. "이번 일로 배운 게 많잖아. 앞으로 전 원장도 그림을 사려면 꼭 블루칩 작가 거로 사. 그래야 손해도 안 보고 중간은 가." 더구나 병원에 걸어둔 그림들을 유심히 보더니 "아직 뜨지 않은 이런 작가 말고, 앞으로는 꼭 유명한 작가 거로 사야 해"라고 진지하게 조언까지 덧붙였다.

그러고 보니 우리는 참 다른 방식으로 비슷한 상황을 해결했다. 어머님은 불행을 정면으로 바라보고 그것을 새로운 의미로 바꾸었고, 나는 그것을 슬그머니 인생의 뒷골목으로 사라지게 만들었다. 어느 쪽이 더 현명했는지는 그 누구도 답을 내릴 수 없다. 다만 한 가지 확실한 것은 우리 모두 각자의 방식대로 불행이라는 무게와 춤을 추고 있다는 점이었다.

때로는 균열과 상처가
우리를 빛나게 한다

우리는 흔히 삶의 순간들을 '간직할 만한 것'과 '지워버려야 할 것'으로 나누려 한다. SNS에조차 반짝이는 순간들만 올리고 흐릿하고 뿌연 장면들은 카메라에 담지 않듯이 말이다. 어머님의 위작 사건에서 보았듯이, 진품과 위작의 경계는 생각보다 모호하다.

우리는 실제로 맛있는 음식이 아니라 '사진 찍기 좋은' 음식을 찾아다니고, 진정한 만족의 순간이 아니라 '인스타에 올리기 좋은' 순간을 만든다. 현실이 이미지를 모방하고, 삶이 SNS의 완벽한 순간들을 뒤쫓는다. 어머님에게 위작이 만들어 낸 행복이 진실이었던 것처럼, 우리도 이제 완벽한 이미지들이 만들어 내는 가상의 행복을 좇고 있는지도 모른다.

진료실에서 만나는 환자들의 이야기는 이런 현상을 더욱 선명하게 보여준다. "SNS를 보면 다들 잘 살고 있는데 저만 뒤처지는 것 같아요" "남들은 다 행복해 보이는데 저는 왜 이럴까요?" 그들의 말에는 공통적으로 '나는 부족한 존재'라는 두려움이 깃들어 있다. 완벽한 이미지에 둘러싸인 세상에서, 그들은 자신의 불완전함을 감추느라 지쳐간다.

그러나 일본에는 이런 불완전함을 바라보는 다른 시선이 있다. '킨츠기金継ぎ'라는 전통 공예가 바로 그것이다. 깨진 도자기를 금가루를 섞은 옻칠로 이어 붙이는 이 기술은, 흠집과 균열을 숨기는 대신 그것을 금빛으로 빛나게 만든다. 깨진 자리가 오히려 새로운 아름다움이 되는 것처럼, 우리 삶의 균열과 상처 역시 우리를 더 깊은 인간으로 만드는 금빛 이음새가 될 수 있다.

완벽하지 않다는 이유로 스스로를 너무 몰아세우지 않기를 바란다. 일본의 킨츠기처럼, 우리 삶의 깨어진 부분들은 오히려 우리를 더욱 빛나게 만드는 특별한 흔적이 될 수 있다. 조금 부족하고, 조금 흔들리고, 때로는 실패해도 괜찮다. 그 모든 순간이 모여 자기만의 삶의 무늬를 만들어 갈 테니까.

매일 아침 커피를 마시며 위작을 바라보는 어머님의 모습이 떠오르곤 한다. 그녀에게 그 그림은 이제 더 이상 진품도 위작도 아닌, 그저 동반자가 되었을 것이다. 마치 서툰 글씨로 쓴 일기가 시간이 지나 보물이 되듯이, 우리의 불완전한 순간들도 언젠가는 특별한 의미로 빛나게 될 것이다.

　끝없이 완벽한 이미지를 추구하는 시대 속에서도 우리는 여전히 진실된 순간들을 만들어 갈 수 있다. 완벽하지 않아도, 금이 간 것처럼 보여도 괜찮다. 그저 우리 자신으로 살아가는 것, 그것이면 충분하다.

우리는 모두 불완전하다

서울 시내의 한 카페, 부드러운 재즈 선율이 흐르는 가운데 수진의 내면은 서서히 무너지고 있었다. 창밖 도시는 여전히 분주했고 사람들은 쉼 없이 거리를 오갔지만, 그녀의 세상은 멈춘 것만 같았다.

"수진아, 솔직히 말할게. 너랑 있으면 편하기는 한데 그게 다야. 네가 어떤 애인지 모르겠어. 네 생각이 뭔지, 네가 뭘 좋아하는지 전부 다 모르겠어. 우리 여기까지 하자."

남자친구의 이별 통보는 수진에게 예상치 못한 충격이었다. 차분한 카페의 공기조차 그녀의 마음을 가라앉히지 못했다. 테이블 위에 놓인 휴대전화 화면이 꺼졌다가 다시 켜지기를 반복했다. 그 짧은 순간, 수진은 화면에 비친 자신의 모습을 보았다.

낯설게 느껴지는 얼굴. "네가 어떤 애인지 모르겠다"라는 그의 말이 계속해서 머릿속을 맴돌았다.

수진은 마음 한구석에서 이유를 찾고 있었다. '나는 매력이 없으니까', '나는 재미없는 사람이니까', '이 사람에게 어울리지 않는 여자니까.' 그러나 그것은 진실이 아니었다. 진짜 문제는 자신에 대한 깊은 불신으로 단 한 번도 진짜 모습을 타인에게 드러낸 적 없다는 사실이었다.

내 안의 진정한 자아

수진은 6개월 전, 동창의 소개로 그와 처음 만났다. 오랜만의 소개팅에 설레고 긴장했던 그녀는 평소보다 더 정성 들여 옷을 골랐고 완벽하게 화장을 마쳤다. 세련된 외모와 다정한 태도로 그는 그녀의 마음을 사로잡았다. 매일 밤늦게까지 이어지던 통화, 설레는 주말 데이트, 서로를 향해 쏟아지던 달콤한 메시지들. 그녀는 이 모든 것이 사랑이라고 믿었다.

그는 재즈를 좋아했고 수진은 그의 취향에 맞추려 노력했다. 출퇴근길에 재즈 음악을 듣고, 유튜브에서 재즈의 역사와 명반들을 검색하며 공부했다. 그가 감탄하며 봤다는 프랑스 영화도 따라 봤다. 대사가 어렵고 내용이 난해해 이해할 수 없는 장면이 많았지만, 수진은 그가 감탄하는 순간에 함께 공감하려 했다. 그렇게 그녀는 그의 취향에 자신의 모든 것을 맞추며 그에게 어울리는 여자친구가 되어간다고 믿었다.

하지만 사실 수진이 진짜 좋아하는 것은 시끌벅적한 칵테일 바에서 최신 팝송에 맞춰 춤을 추거나, 아이돌의 노래를 따라 부르는 것이었다. 그러나 재즈를 좋아하는 남자친구와 비교하니 어쩐지 자신의 취향이 유치한 것 같아 솔직하게 말할 수 없었다. 더 이상한 건 수진이 이토록 남자친구에게 맞추려 애를 써도 둘의 관계는 더 가까워지지도, 더 멀어지지도 않은 채 제자리만 맴돌았다는 것이다. 수진에게는 이 감각이 결코 낯설지 않았다. 그녀는 타인과의 관계가 늘 이런 식으로 어긋났다.

수진은 회사에서도 늘 좋은 사람으로 보이려 애썼다. 매주 열리는 팀 회의에서 "이번 프로젝트 어떻게 생각해요?"라는 질문이 나오면, 그녀는 "모두 좋은 것 같아요. 의견 전부 다 일리가 있네요"라는 식으로 모난 구석 없는 대답을 내놓았다. 중요한 결정을 내려야 할 때도 "저는 두 의견 다 괜찮은 것 같아요. 적절히 절충하면 좋지 않을까요?"라며 책임을 피해갔다. 그녀의 머릿속에 있는 진짜 의견은 내보인 적 없었다.

또한 동료들과의 관계에서도 자신을 소모하지 않는 방어적인 태도를 유지했다. 점심시간이면 함께 식사했지만, 대화에는 깊이 관여하지 않았다. 적절한 순간에 맞장구를 치고, 가벼운 농담을 던지는 수준에서 멈추는 식이었다. 퇴근 후 동료들이 "오늘 맥주 한잔할까요?"라고 물어도 그녀는 늘 "다음에요, 오늘은 약속이 있어서요"라는 거짓말로 자리를 피했다. 가끔 어쩔 수 없이 회식 자리에 참석하게 되는 경우에도 표면적인 대화만 주고받는 식이었다.

이러한 수진의 행동 뒤에는 더 근본적인 문제가 숨어 있었다. 그녀는 끊임없이 자기 자신에게만 몰입해 있었다. 겉으로는 타인에게 맞추는 듯했지만, 실상 그녀의 관심은 오직 자신이 어떻게 보이는가에만 쏠려 있었다. 동료들의 이야기를 듣는 동안에도 그녀의 마음은 '내가 지금 적절하게 반응하고 있나?', '이 상황에서 어떤 표정을 지어야 하지?'라는 자기중심적 사고에 갇혀 있었다. 타인에 대한 진정한 관심과 호기심이 없었기에, 수진의 대화는 항상 피상적인 수준에 머물렀다.

수진은 타인에게 자신이 진짜로 생각하는 것, 느끼는 것을 드러내는 법을 몰랐다. 자신의 취향과 생각이 상대에게 혹시라도 잘못 받아들여지는 건 아닌지 늘 전전긍긍했다. 그럴 바에는 자신을 드러내지 않는 방법을 택한 것이다. 그녀만의 생존 방식이었으나, 이런 태도는 결국 수진을 더 깊은 고립으로 몰아넣었다. 동료들은 점차 그녀와 진지한 이야기를 나누지 않았고 중요한 결정을 내릴 때조차 그녀의 의견을 묻지 않았다. 겉으로는 원만해 보였던 관계는 실상 형식적인 연결에 불과했다.

진정한 자아를 드러내는 용기

수진의 이야기는 드라마 〈나의 해방일지〉의 주인공 미정을 떠올리게 한다. 두 사람은 언뜻 보기에 비슷한 가면을 쓰고 있지만, 그 본질은 완전히 다르다. 미정은 자신의 내면을 명확히 인식하며 필요한 만큼만 드러낸다. 부당한 상황에서 흔들리지 않고, 관계의 깊이와 경계는 스스로 결정했다. "나는 한 번도 채워진 적이 없어. 그냥 버티는 거지. 버티다 보면 언젠가는 좋은 날이 오겠지"라는 그녀의 말은 날카로운 자기 이해를 보여준다.

반면, 수진은 모두에게 적당히 좋은 사람으로 보이기 위해 안간힘을 쓰며 자신을 잃어갔다. 미정이 가면 안의 자신을 분명히 알고 지켰다면, 수진은 가면 속 자신을 이해조차 못했다. 미정은 자신의 불완전함을 인정하고 받아들였지만, 수진은 타인과의 불편함을 삶에서 제외시키려 노력했다.

실존주의 심리학자 롤로 메이Rollo May는 "진정한 자아를 드러내는 용기야말로 존재의 핵심"이라고 말했다. 수진은 동료와 마음을 나누기보다 그들에게 좋은 사람이기를 원했고, 남자친구에게는 완벽한 연인이 되고자 했다. 그 안에서 그녀가 생각하는 것, 좋아하는 것들은 전부 다 배제했다. 가장 중요한 자신의 목소리를 잃어버린 것이다.

자기 몰입에 빠진 수진은 타인을 진정으로 바라볼 줄 몰랐다. 남자친구가 좋아하는 재즈를 들으면서도 그가 왜 그 음악에 매료되었는지, 그 음악이 그에게 어떤 의미인지 깊이 이해하려 하지 않았다. 그저 자신이 재즈를 아는 사람으로 보이기 위한 행동이었을 뿐이다. 타인에 대한 진정한 관심과 호기심 없이는 관계의 깊이도 생길 수 없다.

인간관계에서는 때로 가면이 필요하다. 그것은 현대를 살아가는 우리 모두에게 필수일지도 모른다. 하지만 그 가면이 너무 단단히 자리 잡으면, 우리는 결국 자신을 잃고 만다. 더 무서운 것은 타인에게도 관심을 잃어버린다는 점이다. 수진이 동료들에게 그러했듯이, 우리는 상대의 말에 진심으로 귀 기울이기보다는 적당한 대답만 건네고, 타인의 감정에 공감하기보다는 피상적인 대답으로 대신하려 한다.

자신의 생각은 꽁꽁 감춘 채 남자친구에게 무조건 맞췄던,

그래서 그에게 어울리는 사람이 되고 싶었던 욕망 또한 수진에게 다른 문제를 불러왔다. 타인에게 완벽해 보이고 싶다는, 결코 닿을 수 없는 소망을 불러온 채 스스로를 가장 불안한 존재로 만들었다. 타인의 시선을 지나치게 의식한 나머지 진정성을 잃었고 관계는 그만큼 얕아졌으며, 서로를 이해하기는커녕 표면적인 만남만 반복되는 악순환이 펼쳐졌다.

현대인은 너무 많은 얕은 관계에 둘러싸여 있다. 자신의 진짜 모습을 알아차리기도 전에 상대에게 어떻게 보여지는지에 절절매다가 오히려 진정한 관계마저 잃게 되는 식이다. 진정한 용기란 자신의 삶의 여정에서 만나는 이들과 때로는 웃고, 때로는 화도 내며 진짜 관계를 만들어 가는 게 아닐까? 서로의 불완전한 모습마저 그대로 포용하는 것. 그것이 진짜 관계를 만드는 첫발이 될 것이다.

어떻게든 나아지는
힘에 관하여

겨울 밤의 강남 거리는 마치 에드워드 호퍼Edward Hopper의 〈밤을 지새우는 사람들Nighthawks〉 속 풍경처럼 차갑고 적막했다. 도시의 불빛들은 여전히 곳곳에서 반짝이고 있었지만, 그 빛에는 온기가 전혀 없었다.

이별을 고하는 연인의 마지막 말은 단순한 결별 통보가 아니었다. 그것은 수진의 존재 자체를 의심하는 선언이었다. 우리는 종종 '나는 누구인가?'라는 질문을 피상적으로 던진다. 하지만 그 질문이 타인의 입을 통해 직접 제기될 때, 그 충격과 공허함은 실존적인 차원에까지 이른다. 수진에게 "네가 뭘 좋아하는지도 모르겠다"는 말은 곧 "네가 누구인지 모르겠다"는 고발과도 같았다.

이것은 현대인들이 빠지기 쉬운 가장 위험한 함정 중 하나다. 우리는 타인에게 인정받고 사랑받기 위해 '좋은 파트너', '능력 있는 직원', '모범적인 자녀'라는 가면을 쓰고 그 역할에 충실하려 한다. 그러나 어느 순간, 가면과 진짜 자아의 경계가 희미해지고 결국 '진짜 나는 누구인가?'라는 질문 앞에서 당혹감을 느끼게 된다. 수진도 바로 그 당혹감의 한가운데 서 있었다.

그동안 수진은 연인의 취향을 마치 자신의 것처럼 받아들이며 살아왔다. 그러는 사이 그녀의 취향은 어느새 저만치 밀려나 있었다. 아니, 어쩌면 애초부터 그녀에게는 뚜렷한 취향이 없었는지도 모른다. 그저 '좋은 여자친구'라는 가면을 쓰고, 그 역할에 충실하고자 했을 뿐이었다.

수진은 어서 집으로 돌아가 아무 생각도 하지 않고 잠들고 싶었다. 하지만 오피스텔 현관문을 열자 여느 때와는 다른 축축한 공기가 느껴졌다. 낯선 느낌에 둘러보니 거실 천장 한쪽에서 천천히, 그러나 분명하게 물방울이 떨어지고 있었다. 바닥에도 이미 적잖은 물이 고여 있었다. 수진은 얼어붙었다.

수진의 집은 그녀가 구축해 온 또 다른 가면이었다. 언제나 반듯하게 정리된 책장, 먼지 한 톨 없는 테이블, 색깔별로 정돈된 옷장까지. 모든 것이 완벽하게 통제된 공간이었다. 그녀는 이 공간을 통해 타인과의 관계만큼 자신의 삶도 완벽하게 통제할 수 있다고 믿었다. 그러나 천장에서 떨어지는 물방울이 그 믿음에 균열을 내기 시작했다.

이제 수진이 매일 아침 일어나 가장 먼저 하는 일은 거실에 놓아둔 물통에 고인 물을 비우는 것이었다. 그녀는 물이 차오르는 모습을 보며 자신의 무력함을 실감했다. 관리사무소에 연락했지만 돌아온 대답은 무책임했다. "위층과 협의해 보세요." 수진은 혼자서라도 해결해 보려고 누수 전문가를 불렀다. 그러나 전문가도 아랫집에서 할 수 있는 일은 제한적이라며 고개를 저었다. 결국 그녀는 위층을 직접 찾아가야 했다.

위층의 반응은 냉담했다. "우리 집은 물 샌 적이 없는데요? 확실하게 알고 오신 거예요?" 화를 내고 따지는 통에 다른 층 입주민까지 내려와 그들을 구경할 정도였다. 일을 키우고 싶지 않았던 수진은 결국 아무것도 해결하지 못하고 집으로 돌아올 수밖에 없었다. 그리고 다시 며칠을 고민하다 용기를 내어 위층을 찾아가 자신이 모든 비용을 부담하겠다고 제안했다.

다음 날 아침 출근길, 엘리베이터에서 다른 층 남자와 마주쳤다. "며칠 전에 봤어요. 누수 때문에 많이 힘드시죠?" 타인의 갑작스러운 관심에 수진은 순간 당황했다. 그는 7층에 산다며 괜찮은 누수 업체를 소개해 주겠다고 했다. 그동안 누구에게도 도움을 청하지 않았던 수진은 반사적으로 거절했다. "다음에 필요하면 부탁드리겠습니다." 도움이 필요할 때조차 혼자 해결하려는 고집, 그것은 자립심이 아니라 타인에게 약점을 보이기 싫어하는 그녀의 또 다른 가면이었다.

회사에서도 예상치 못한 일이 있었다. 평소 친하지 않던 동료가 저녁 식사를 제안한 것이다. 수진이 며칠 전 그녀의 영문 프레젠테이션을 도와준 것에 대한 감사의 표시였다. 맥주잔이 몇 차례 오가면서 대화는 점점 깊어졌다.

"요새 무슨 일 있으세요? 조금 힘들어 보이던데…"

단순한 안부가 수진의 방어벽을 무너뜨렸다. 처음으로 그녀는 자신의 이야기를 꺼냈다. 이별, 누수, 그리고 무너져 가는 일상에 대해. 말을 이어갈수록 이상하게 눈물이 나왔다. 그동안 얼마나 많은 감정을 억누르며 살아왔는지, 그녀 스스로 깨닫게 되었다. 동료는 수진의 이야기를 들으면서 조언이나 위로를 하려 들지 않았다. 대신 조용히 고개를 끄덕이며 그저 듣기만 했다. 그러다 불쑥 자신의 이야기를 꺼냈다.

"저도 헤어진 지 얼마 안 됐어요. 그때는 정말 죽을 것 같았거든요. 이 세상에서 저희가 제일 잘 맞는 줄 알았어요. 친구들도 다들 부러워했고요."

동료는 자신의 이별 과정을 담담하게 풀어놓았다. 처음에는 잠도 못 자고, 식욕도 없었다고 했다. 하지만 시간이 지나면서 자신도 모르게 그 사람의 단점이 떠오르기 시작했다고 했다. 취향도 맞지 않았고, 가치관도 달랐지만, 그때는 그런 것들이 전혀 보이지 않았다고.

아무런 격식도 가식도 없이, 마치 오래된 친구와 이야기하듯 자연스럽게 자신의 감정을 털어놓는 동료의 모습에서 수진은 따뜻함을 느꼈다. 그 담백한 솔직함이 그녀의 마음 한구석을 데웠다. 타인에게 어렴풋한 벽만 쌓고 솔직한 모습을 보여주지 않으려 애쓰던 그녀는, 오히려 불완전함을 인정할 때 더 깊은 연결이 가능하다는 것을 어렴풋이 깨달았다.

며칠 후, 수진은 용기를 내어 7층 남자에게 누수 업체의 연락처를 부탁했고, 주말 오전 누수 업체 담당자와 함께 윗집을 방문했다. 담당자의 제안에 따라 발코니 옆 벽을 뜯어보니, 낡은 공용 우수관의 갈라진 틈에서 물이 흐르는 것이 보였다. 개별 세대에서는 결코 발견할 수 없는 문제였다.

인간 존재의
세 가지 차원

롤로 메이는 인간 존재를 세 가지 차원으로 설명했다. '주변 세계'는 우리가 살아가는 물리적 환경으로, 수진에게는 완벽하게 관리되던 집이 이에 해당했다. '타인과의 세계'는 사회적 관계의 차원으로, 그녀의 연인과의 관계가 그 범주에 속했다. 그리고 '자기 세계'는 자신과 맺는 내적 관계로, 자아 정체성과 자기 인식의 영역을 의미했다.

　수진의 삶에서는 이 세 가지 차원이 동시에 무너지고 있었다. 천장의 누수는 그녀의 물리적 세계에 균열을 냈고, 남자친구와의 이별은 타인과의 세계의 붕괴를 의미했다. "네가 뭘 좋아하는지 모르겠다"는 말은 그녀의 자기 세계가 얼마나 공허했는지를 드러낸 것이었다. 수진은 그동안 표면적인 모습, 즉 가면을 쓰고 살아왔다. 연인의 취향에 맞추고, 집을 완벽하게 유지하며, 모든 문제를 혼자 해결하려는 태도가 그녀의 가면이었다.

　이 모든 균열이 한순간에 찾아온 것은 우연이 아닐지도 모른다. 메이의 관점에서 보면, 인간은 이 세 가지 차원이 균형을 이룰 때 비로소 온전한 존재가 된다. 그러나 수진은 지금까지 진정한 자신을 억누르며 가면 뒤에 숨어 살아왔다. 누수와 이별이라는 갑작스러운 균열은 그녀가 애써 유지하던 가면에 금이 가게 만든 사건이었다.

　메이는 또한 '존재의 용기'를 강조했다. 이는 진정한 자신을 드러내고, 불안과 취약함을 받아들이며, 자신의 한계를 인정하는 용기를 의미한다. 그러나 수진에게 이 용기는 아직 낯설었다. 그녀는 완벽함의 가면 뒤에 숨어 자신의 연약함을 철저히 감추며 살아왔기 때문이다.

동료와의 깊은 대화, 7층 남자의 도움, 누수 업체 담당자의 조언…. 이전의 수진이라면 이런 개입을 약점의 표시라고 여겼을 것이다. 하지만 이제 그녀는 조금씩 다른 시각을 갖기 시작했다. 때로는 도움을 청하고 자신의 불완전함을 인정하는 것이 오히려 더 큰 용기임을 깨닫기 시작한 것이다. 수진은 천장을 올려다보았다. 누수는 멈췄지만 그 자국은 여전히 선명하게 남아 있었다.

어쩌면 이것은 시작에 불과할지도 모른다. 수진은 어둠 속에서 천장의 얼룩을 바라보며 자신의 내면을 되짚었다. 롤로 메이는 "진정한 자아를 드러낼 용기가 인간 실존의 핵심"이라고 했지만, 그 용기를 찾는 과정은 결코 쉽지 않다. 오히려 그것은 고통스럽고 혼란스럽다. 수진 앞에는 아직 더 많은 무너짐과 상실이 기다리고 있을지도 모른다. 하지만 그녀는 그 길에 발을 들였다.

삶은 통제할 수 없다

수진의 내면의 불안은 천장의 누수가 멈춘 후에도 가라앉지 않았다. 하지만 이별의 아픔과 누수의 무력감이 그녀의 자아를 잠식해 가는 상황에서, 수진은 적어도 자신의 직업적 정체성만큼은 지키고 싶었다. '완벽한 실무자', '실수 없는 매니저'라는 타이틀은 오랫동안 그녀가 구축해 온 핵심 자아였다.

국내 최대 식품기업의 신제품 론칭 캠페인을 앞두고 수진은 여느 때처럼 모든 것을 확인하고 또 확인했다. 실수란 용납할 수 없다는 마음가짐으로, 전날 밤까지 모든 자료를 검토했다.

"패키지 디자인 변경 이메일 확인했어요?"

디자인 팀장의 질문은 마치 천장에서 떨어지는 첫 물방울처럼 그녀의 의식을 관통했다. 스팸 폴더에 묻힌 이메일을 발견했을 때, 그녀의 가슴 깊은 곳에서는 이미 무언가 크게 깨지고 있었다. 구버전 패키지가 담긴 영상을 인플루언서들에게 배포한 것이다. 수진의 머릿속에는 끊임없이 질문이 맴돌았다. '왜 하필 지금 이런 일이 생긴 거지?'

그녀의 휴대전화가 울렸다. 서둘러 전화를 받으려다 그만 휴대전화를 떨어뜨리고 말았다. 액정이 산산조각 나는 순간, 수진은 자신의 내면도 함께 조각나는 듯한 기분이 들었다. 깨진 화면 너머로 흐릿하게 보이는 클라이언트의 이름은 마치 운명의 냉소처럼 느껴졌다.

우리는 모든 것을 통제할 수 없다

독일 철학자 카를 야스퍼스Karl Jaspers는 이러한 순간을 '한계상황'이라 불렀다. 한계상황이란 우리가 피할 수도, 변화시킬 수도 없는, 그저 마주할 수밖에 없는 상황을 의미한다. 죽음, 고통, 우연, 죄책감 같은 경험들이 이에 속한다. 이런 상황 속에서 인간은 자신의 유한함과 무력함을 직면하게 된다. 그리고 바로 그 순간, 비로소 실존이라는 진정한 자아와 마주하게 된다고 야스퍼스는 말한다.

클라이언트의 분노는 전화기 너머에서도 충분히 전달되었다. "지금 장난하시는 겁니까?" 날카로운 목소리는 단순한 불만을 넘어섰다. 완벽한 매니저라는 타이틀이 흔들리자 그녀의 자아 전체가 위기에 빠진 듯했다. 이것이 바로 타인의 시선에 의존한 정체성이 가지는 취약함이었다.

사무실로 돌아가는 길, 수진은 내면에서 점점 커지는 낯선 감정을 느꼈다. 그것은 단순한 두려움이나 불안이 아니었다. 오히려 모든 감정이 뒤섞인 복합적인 상태였다. 한계상황 속에서만 경험할 수 있는 실존적 혼란이었다. 이 혼란 속에서 그녀는 점차 자신이 쌓아올린 완벽함의 가면이 얼마나 허약한 것이었는지를 깨닫기 시작했다.

상사와 동료들 앞에서 상황을 설명하는 동안, 수진은 자신의 목소리가 멀리서 들려오는 것처럼 느껴졌다. 마치 자신과 분리된 듯한 이 경험은 야스퍼스가 말한 '실존적 깨달음'의 시작일지도 모른다. 우리는 종종 위기의 순간에 비로소 자신을 더 선명하게 바라보게 된다. 마치 거울이 깨지고 나서야 그 조각들 속에서 다양한 자신의 모습을 발견하는 것처럼 말이다.

"최대한 수습해 보겠습니다."

그녀의 말에는 이전과는 다른 무언가가 담겨 있었다. 그것은 단순한 책임감이나 의무감이 아니었다. 오히려 한계상황을 마주한 인간이 느끼는 근원적인 책임에 가까웠다. 야스퍼스에 따르면, 한계상황을 진정으로 경험한 인간은 자신의 한계를 인정하면서도 그 안에서 자유와 책임을 발견한다. 그것은 더 이상 외부의 기대나 평가에 의존하지 않는, 자기 자신에게서 비롯된 책임이었다.

수진은 밤늦게까지 사무실에 남아 상황을 수습하기 위해 최선을 다했다. 인플루언서들에게 연락하고, 클라이언트에게 대응 방안을 제시하는 과정에서, 그녀는 자신이 통제할 수 있는 것과 통제할 수 없는 것의 경계를 명확히 인식하기 시작했다. 모든 인플루언서가 협조할 수는 없었고, 클라이언트의 분노를 완전히 가라앉힐 수도 없었다. 그러나 그녀는 할 수 있는 최선을 다했다. 그것이 바로 지금 이 순간 그녀가 취할 수 있는 유일한 책임 있는 태도였다.

이러한 자세는 야스퍼스가 말하는 '초월'의 경험과도 맞닿아 있었다. 초월이란 어려운 개념처럼 느껴지지만, 본질적으로는 자신의 한계를 인정하면서도 그 한계 너머의 가능성을 향해 열려 있는 마음의 상태를 의미한다. 수진은 자신의 완벽주의라는 좁은 틀에서 벗어나, 더 넓은 삶의 지평을 향해 첫발을 내딛고 있었다.

깨진 휴대전화 화면을 바라보며, 수진은 자신의 삶에 생긴 여러 균열들을 떠올렸다. 천장의 누수, 연인과의 이별, 회사에서의 실수, 그리고 휴대전화의 파손. 이 모든 균열이 그녀에게 무엇을 말하고 있는 것일까? 어쩌면 이것은 완벽함이라는 환상에서 벗어나, 진정한 자신을 발견하라는 신호인지도 모른다.

인간은 균열을 견디며 살아간다

야스퍼스는 한계상황이 인간에게 주는 가장 큰 선물은 실존적 깨달음이라고 말했다. 우리가 가장 무력하고 취약한 순간에, 역설적으로 가장 선명하게 자신을 바라볼 수 있게 된다는 것이다. 수진도 이제 서서히 그 깨달음에 다가가고 있었다. 그동안 그녀는 불행이나 고통, 실패를 삶에서 제거하려 애썼다. 모든 것을 통제하고, 어떤 균열도 허용하지 않으려 했다. 그러나 그것이야말로 가장 큰 자기기만이었다.

인간의 삶은 본질적으로 불완전하고 취약하다. 우리는 통제할 수 없는 상황에 끊임없이 노출된다. 그럼에도 불구하고 많은 이들은 완벽한 통제의 환상 속에서 살아간다. 자신이 모든 것을 관리하고 예측할 수 있다고 믿으면서 말이다. 하지만 한계상황은 이러한 환상을 산산조각 내고, 우리를 진정한 실존의 순간으로 이끈다.

사무실의 마지막 불빛이 꺼진 후에도, 수진은 여전히 자리를 떠나지 못했다. 깊은 어둠 속에서 그녀는 자신의 내면을 들여다보았다. 그곳에는 여전히 두려움과 불안, 자책감이 가득했다. 그러나 그 감정들 사이로 미세하게 다른 감각이 스며들기 시작했다. 그것은 미약하지만 분명한, 일종의 해방감이었다.

수진은 여전히 진정한 자아를 드러내는 용기, 그 여정의 시작점에 서 있었다. 통제의 환상이 깨진 자리에 무엇이 자라날지는 아직 알지 못했다. 다만 확실한 것은, 이 한계상황이 그녀에게 던진 질문들을 더 이상 회피할 수 없다는 사실뿐이었다. '나는 누구인가?, 내가 정말 중요하게 여기는 것은 무엇인가?, 실패와 불완전함 속에서도 내가 지켜야 할 가치는 무엇인가?'

수진은 이제 알았다. 불행이나 고통을 삶에서 배제하려 애쓰는 것이야말로 가장 큰 착각이라는 것을. 완벽하게 통제된 삶을 살아가려 했던 그녀의 노력이 얼마나 부질없었는지를. 천장의 누수는 그녀의 물리적 세계에 생긴 첫 번째 균열이었고, 연인과의 이별은 관계의 세계에 생긴 두 번째 균열이었으며, 지금 이 순간 벌어지는 회사에서의 위기는 그녀의 자아에 생긴 세 번째 균열이었다.

결국 살아간다는 것은 이런 것이었다. 균열은 끊임없이 생겨나고, 우리는 그 균열을 견디며 살아간다는 것. 때로는 무너지고, 그러면서도 다시 일어나는 것. 하지만 어쩌면 이 세 겹의 균열이야말로 진정한 삶의 모습일지도 모른다. 물리적 세계의 균열은 그녀에게 공간의 불완전함을 가르쳤고, 관계의 균열은 사랑의 무상함을 일깨웠으며, 자아의 균열은 그녀 자신의 본질적 취약성을 드러냈다. 이 세 층위의 균열은 서로 얽히고설켜 하나의 통합된 메시지를 전했다. 완벽한 천장도, 영원한 사랑도, 흔들리지 않는 자아도 없다. 그리고 바로 그 불완전함 속에서 우리는 살아 있음을 깨닫는다.

어둠 속에서 수진은 깨진 휴대전화 화면을 바라보았다. 금이 간 액정 속에 비친 자신의 얼굴은 이전과 달리 조각난 듯 분열되어 흐릿했다. 하지만 역설적으로 그녀는 이 깨어진 거울 속에서 처음으로 자신의 진짜 모습을 보기 시작했다.

그것은 타인의 기대와 평가에 맞추어진 완벽한 이미지가 아니라, 취약하고 불완전하지만 그 자체로 진실한 모습이었다. 이전의 수진이 모든 것을 통제하려 했다면, 이제 그녀는 통제할 수 없는 것들을 받아들이는 법을 배우고 있었다. 완벽을 추구하던 그녀가 이제는 불완전함 속에서 진정한 아름다움을 발견하기 시작한 것이다.

　야스퍼스가 말한 것처럼, 한계상황 속에서 진정한 실존이 깨어나는 순간, 우리는 비로소 자신의 삶을 온전히 받아들일 수 있게 된다. 균열이 있어도, 불완전해도, 그것이 바로 우리가 살아가는 방식이다. 수진은 이제 깨진 화면 너머로 새로운 길을 바라보고 있었다. 통제의 환상을 내려놓고, 삶의 불확실성을 품은 채 한 걸음씩 나아가는 길을.

완벽이라는 감옥에서 벗어나기

소영 씨가 처음 나를 찾아왔을 때, 그녀는 엘리베이터 거울에 비친 자신의 모습이 낯설게 느껴졌다고 했다. 밤샘 연구로 지칠 대로 지친 상태였지만, 피곤함보다 더 깊은 곳에서 배어 나오는 불안감이 그녀를 집이 아닌 진료실로 이끌었다.

소영 씨에게 세상은 끝없이 완벽하게 자신을 갖추고 올라가야 할 계단이었다. 데이터 사이언스라는 첨단 학문 분야에 몸담은 소영 씨에게 이러한 압박은 더욱 강하게 다가왔다. 알고리즘의 정확도를 0.1퍼센트라도 높이기 위해 밤을 새우는 것이 당연한 세계, 한 줄의 코드 오류가 전체 모델의 실패로 이어질 수 있는 세계에서 그녀는 숨 쉬는 것조차 버겁다고 말했다.

독일 사회학자 울리히 벡 Ulrich Beck 이 『위험사회』에서 말했듯,

이 시대는 성공과 실패의 책임을 모두 개인에게 떠넘기게 되었다. "네가 더 노력했다면", "네가 더 똑똑했다면" 이런 말들은 어느새 우리의 내면 깊숙이 자리 잡은 자기 비난의 언어가 되었다.

소영 씨와 상담을 진행하며 알게 된 건, 그녀 내면에는 "정확하지 않으면 의미가 없어"라는 말이 삶을 지배했다는 점이었다. 보통은 어릴 적 부모의 압박, 혹은 가정 환경에 따라 이러한 강박을 갖게 되지만, 그녀에게는 특별한 외부 환경의 요인은 없었다. 그저 스스로 자신을 몰아세우고 채찍질하는 완벽주의자로 성장했다. 살다 보면 누구에게나 일어날 수 있는 모든 실수와 그 책임을 전부 자신의 탓으로 돌린 나머지, 모든 것에서 정확해야 한다고 믿었다. 그래야만 자신의 책임이 그나마 줄어든다는 착각에 빠져 있었다.

대학에서 통계학을 전공하고 자연스럽게 데이터 사이언스 석사 과정으로 진학한 그녀는 연구실에서도 다른 학생들과는 다른 방식으로 일했다. 다른 이들이 데이터를 빠르게 훑어보고 직관에 따라 모델을 선택하는 동안, 소영은 모든 변수의 분포를 확인하고 가능한 모든 상관관계를 테스트했다.

"소영 씨, 이 데이터는 일단 돌려보고 결과를 보면서 수정하는 게 어때요? 이렇게 전처리만 하다 보면 마감에 못 맞출 것 같은데…"

"아니요, 이 이상치들을 제대로 처리하지 않으면 결과가 완전히 왜곡될 수 있어요."

그 '조금'은 결국 하루가 되고, 일주일이 되었다. 팀의 공동 연구는 소영의 완벽주의로 인해 컨퍼런스 제출 마감일을 놓치고 말았다.

현대인의 내면에 자리한
보이지 않는 감옥

독일의 정신분석학자 카렌 호나이 Karen Horney는 1950년 저서 『신경증과 인간의 성장 Neurosis and Human Growth』에서 불안이 방어기제를 발달시키는 과정을 자세히 설명했다. 인간이 본능적으로 느끼는 근원적 불안을 '기본 불안'이라고 하는데, 호나이는 사람들이 바로 이 기본 불안을 극복하기 위해 저마다 독특한 방어기제를 발전시킨다고 보았다.

소영 씨가 선택한 방법은 모든 가능성을 통제하고 완벽하게 예측하는 것이었다. 즉, '정확해야 한다'는 강박은 그녀가 불안을 이기기 위해 의지한 방어기제가 되었고, 결국 그녀의 정체성 자체로 굳어졌다. 소영 씨는 스스로 완벽함의 기준을 세우고 그것을 충족시키지 못할 때마다 깊은 불안에 빠졌다.

연구실에서 다른 대학원생들은 교수의 피드백을 받고 논문을 수정하며 발전시켜 나갔지만 소영은 자신의 연구가 충분히 완벽하지 않다고 느껴 제출 자체를 미루곤 했다. 그녀의 노트북 폴더에는 '최종', '최종2', '최종3_최종' 같은 이름으로 저장된 수많은 버전의 파일들이 있었다.

"소영아, 네 연구 주제가 정말 흥미로운데, 완벽하지 않아도 괜찮아. 연구란 원래 피드백을 받고 발전하는 거야."

지도교수의 격려에도 소영은 여전히 주저했다. 그녀의 세계에서 완벽하지 않은 것을 보여준다는 것은 자신의 무능함을 드러내는 것과 같았다. 마치 거대한 데이터세트에서 이상치가 전체 분석을 왜곡시키듯, 한 번의 실수가 그녀가 지금껏 쌓은 연구 성과를 무너뜨릴 것이라 믿었다.

그러던 어느 날, 소영의 눈에 포스터 하나가 들어왔다. 학과 게시판에 붙은 대기업 빅데이터 공모전 안내문이었다. 공모전에 참가하기로 결심한 그녀는 평소처럼 주제에 맞는 데이터세트를 찾고 모든 변수를 분석하며, 다양한 시각화 방법을 검토하기 시작했다. 늦은 밤까지 연구실에 혼자 남아 작업하던 그녀는 자신이 수집한 SNS 데이터에서 특이한 패턴을 발견했다.

"젊은 세대가 사용하는 특정 해시태그들이 시간대별로 묘한 변화를 보이고 있었고, 그 데이터 포인트들이 마치 새들이 날아가는 형상처럼 보였어요. 평소 같았으면 주관적 해석이라며 배제했을 패턴이었지만, 이상하게도 그 직관을 따라가 보기로 결심했어요."

통계적 유의성 검증을 잠시 미루고, 그녀는 데이터에서 발견한 패턴을 그대로 시각화해 보았다. 젊은 세대의 관심사가 시간에 따라 변화하는 모습이 마치 철새들의 이동 경로처럼 화면에 펼쳐졌다. 소영은 처음으로 자신의 내면에서 솟아나는 직관을 그대로 받아들였다. 검증도, 계산도 하지 않았다. 그저 데이터가 들려주는 이야기에 귀를 기울였다. 강박적인 완벽주의가 아닌 순수한 호기심과 발견의 즐거움이 그녀를 밤새 깨어 있게 했다.

"공모전 마감 일주일 전, 처음으로 제 작업을 다른 사람들에게 보여주었어요. 다들 신선하다, 멋있다, 데이터에서 이야기가 보인다며 칭찬을 해줬어요. 놀랐어요. 저는 늘 부족했으니까요. 정말 처음으로 모든 변수를 계산하지 않은, 처음으로 제 기준에서 미완성인 결과물을 내놓았는데 사람들 반응이 좋다는 게 이상했어요. 하지만 기분은 무척 좋았어요."

"이번엔 뭔가 다르네. 그동안 네 분석은 늘 완벽을 추구했잖아. 통계적 유의성, 변수 간 상관관계, 이상치 처리…. 기술적으로 하나도 빠뜨리지 않으려고 했지. 그러다 보니 정작 네가 하고 싶은 이야기가 사라졌던 것 같아. 그런데 이번 작업에서는 처음으로 소영이 네가 보이는 것 같아."

지도교수도 크게 칭찬했던 그 작품으로 결국 소영은 공모전에서 장려상을 받게 되었다. 시상식장에서 만난 데이터 분석 회사의 크리에이티브 디렉터는 "데이터 분석은 완벽한 정확성보다 진정성 있는 통찰이 더 중요합니다. 그 순간의 패턴을 포착하는 것이죠"라며 그녀의 작품에서 신선한 시각을 발견했다고 말했다.

그러나 그러한 칭찬과 인정도 소영의 오랜 불안을 완전히 잠재우지는 못했다. 공모전 수상자 특별 전형이라는 기회로 주어진 면접 자리가 역설적으로 그녀를 또 다른 완벽주의의 감옥으로 이끌었던 것이다. 면접일이 가까워질수록 불안은 점점 더 그녀를 휘감았다. 소영은 자신의 포트폴리오를 수십 번 검토했다. 공모전 작품에서 발휘했던 자유로운 상상력과 통찰력은 온데간데없이 사라졌고, 그 자리를 다시금 '완벽해야 한다'는 강박이 차지했다.

그녀는 면접을 앞두고 다시 나를 찾아와 불안감을 토로했다.

"공모전 덕분에 완벽해야 한다는 압박감에서 벗어난 것 같았어요. 하지만 제 착각이었어요. 아주 잠깐이었어요."

기본 불안을 해소하기 위해 만든 방어기제가 오히려 새로운 불안을 낳고, 그 불안이 다시금 더 강력한 방어기제를 요구하는 악순환. 이를 두고 호나이는 '신경증적 순환'이라 불렀다. 소영 씨가 어린 시절 스스로 발전시켰던 완벽주의는 초등학교에서는 모든 문제를 정확히 푸는 습관으로, 대학에서는 철저한 통계 분석으로, 석사 과정에서는 끝없는 코드 검증으로, 이제는 면접 준비라는 새로운 형태로 그 모습을 바꾸며 끝없이 되풀이되고 있었다.

불완전한 세계를
살아가는 법

완벽주의는 때때로 우리를 성장시키는 동력이 되기도 하지만, 동시에 우리를 가두는 감옥이 되기도 한다. 특히 그것이 외부의 기준이 아닌 자신의 내면에서 비롯될 때 그 굴레는 더욱 벗어나기 어렵다. 때때로 느낄 것이다. 우리는 스스로에게 가장 냉혹한 심판자가 되는 것을.

그래도 소영 씨는 더딘 걸음이지만 조금씩 자신을 가로막는 문제를 향해 나아가고 있다는 점에서 긍정적이다. 물론 면접장으로 들어서는 소영 씨의 발걸음은 여전히 떨릴 것이다. 하지만 나는 그 떨림 속에서도 자유가 피어난다고 믿는다.

우리의 삶은 결코 완벽한 알고리즘으로 계산할 수 없다. 때로는 예측 불가능한 변수들이 가장 아름다운 결과를 만든다. 완벽함을 추구하는 과정에서 우리는 종종 진정한 자아를 잃어버리지만, 역설적으로 불완전함을 받아들일 때 비로소 자유를 찾기도 한다.

소영 씨 그리고 우리는 여전히 '완벽'이라는 이름의 감옥에 갇혀 있다. 하지만 때로는 그 감옥의 창살 사이로 비치는 자유의 빛이, 우리에게 다른 가능성을 속삭인다. 완벽하지 않은 세계에서, 완벽하지 않은 우리가, 그럼에도 의미 있는 이야기를 만들어 갈 수 있다는 가능성을.

연결된 세상에서 살아가는 법

휴대전화 화면을 들여다보던 남자의 얼굴이 차갑게 일그러졌다. 방금 도착한 한 통의 메일 때문이었다.

"강민우 님께. 귀하의 뛰어난 기술력과 경력에도 불구하고, K사 AI 연구소에서는 이번에 다른 후보를 선택하기로 결정했습니다. 구체적인 이유는 공유받지 못했으나, 팀 문화 적합성 등 다양한 요소를 종합적으로 고려한 결과라고 합니다. 향후 귀하의 프로필과 적합한 다른 기회가 있다면 다시 연락드리겠습니다."

민우는 믿을 수 없다는 듯 화면을 응시한 채 메일을 몇 번이고 다시 읽었다. 명문대 컴퓨터공학과를 수석으로 졸업했고, 동대학원 석사 과정에서 최우수 논문상을 받았으며, 현재 국내 3위 IT 기업에서 최연소 책임연구원으로 있는 그였다. 모든 면에서 완벽하다는 평가를 받아온 그가 '팀 문화 적합성'이라는 납득할 수 없는 이유로 탈락한 것이다.

민우는 나직이 욕설을 내뱉었다. 화가 뱃속에서부터 끓어오르는 느낌이었다. 그는 우수한 성과가 모든 것을 증명한다고 믿으며 살아왔다. 수석으로 졸업할 때도, 논문상을 받을 때도, 최연소 책임연구원이 될 때도 그의 실력은 언제나 최고임을 보여주었고, 결과는 단 한 번도 그를 배신한 적이 없었다.

회사에서 민우는 탁월한 능력을 갖추고 있었지만, 동료들과의 소통이 원활한 편은 아니었다. 신입 연구원들의 실수를 매섭게 지적하고, 상사의 조언에도 고압적으로 반응하는 경우가 많았다.

"결과가 중요한 거죠. 실력이 부족한 사람이 야근을 해서 겨우 버틴다고 무슨 의미가 있나요? 완벽하게 해낼 자신이 없으면 시작하지 말았어야죠."

그의 이런 태도는 팀 내 분위기를 차갑게 만들었다. 팀원 이진영의 어머니가 갑작스럽게 세상을 떠났을 때도, 민우는 정해진 일정을 이유로 조문을 가지 않았다. 나중에 회사 복도에서 마주쳤을 때, "어머님 일은 유감입니다. 제가 중요한 약속이 있어서 참석을 못 했네요"라고 형식적인 인사를 건넸을 뿐이었다.

사람과 사람 사이의
여섯 단계

그의 태도는 사회적 관계에 대한 근본적인 오해를 드러내고 있다. 사회학자 마크 그래노베터 Mark Granovetter 는 1973년 미국 사회학 저널에 발표한 논문 「약한 유대의 힘 The Strength of Weak Ties」에서 중요한 기회는 예상치 못한 곳, 즉 '약한 유대'를 통해 온다는 사실을 밝혀냈다. 의도적으로 소홀히 했던 작은 관계들이 결정적인 순간에 중요한 영향을 미칠 수 있다는 것이다. 이 이론은 민우가 K사의 AI 연구소로 이직을 지원하는 과정에서 그대로 드러났다.

어느 날, 이진영에게 대학 선배인 최철호가 전화를 걸어왔다.

"너희 회사에 강민우라는 사람 알아? 우리 연구소에 이력서를 넣었던데."

최철호는 K사가 새로 설립하는 AI 연구소의 핵심 인사였다. 기술적인 면은 이력서만으로도 충분히 파악할 수 있지만, 팀워크나 의사소통 측면에서 강민우가 어떤 사람인지 알고 싶어서 후배인 이진영에게 전화를 건 것이다.

이진영은 고민 끝에 솔직하게 답했다.

"강민우 책임님의 능력은 모두가 인정해요. 특히 AI 분야에서는 우리 회사의 핵심 인재고요. 다만… 의사소통 방식이 좀 독특하다고 할까요. 아무래도 새로운 조직에 적응하는 데는 시간이 필요할 거예요."

여기서 연결의 힘이 명확하게 드러났다. 민우가 가고 싶어 했던 K사의 AI 연구소 총괄은 최철호였고, 최철호는 민우의 회사 동료인 이진영과 대학 선후배 사이였다. 민우가 같은 팀에 속해 있을 뿐 의미 있는 관계로 발전시킬 필요가 없다고 생각한 동료 이진영이 그에게 이처럼 중요한 영향력을 끼칠 거라고는 생각지 못했을 것이었다.

이처럼 약한 유대가 만들어 내는 연결망은 우리의 경력과 삶의 방향을 예상치 못하게 바꿀 수 있다. 강민우는 자신의 뛰어난 능력만으로 충분하다고 믿었지만, 현실에서는 이런 연결이 사실상 꽤 큰 영향을 미치고 있었다.

이러한 연결의 힘은 '여섯 단계 분리 이론'을 통해 더욱 명확히 드러난다. 1929년 헝가리의 작가 프리제시 커린티Frigyes Karinthy는 단편소설「체인스Chains」에서 "지구상의 모든 사람은 최대 여섯 단계의 지인을 거치면 서로 연결될 수 있지 않을까?"라는 흥미로운 상상을 했다. 이 생각은 이후 여섯 단계 분리 이론으로 발전하며, 사회적 관계망 연구의 중요한 토대가 되었다.

1967년, 하버드대학교 심리학자 스탠리 밀그램Stanley Milgram

은 이 이론을 검증했다. 그는 네브래스카와 매사추세츠에서 무작위로 선정된 사람들에게 편지를 주고, 특정 인물에게 최종적으로 도달할 수 있도록 편지를 전달해 달라고 요청했다. 다만 편지를 전달할 수 있는 유일한 조건은 반드시 자신이 아는 사람에게 건네야 한다는 것이었다. 결과는 놀라웠다. 편지는 평균 5.2단계를 거쳐 목표 인물에게 도달했다.

이 실험은 우리가 생각하는 것보다 세상이 훨씬 좁고 긴밀하게 얽혀 있음을 보여준다. 즉, 우리가 전혀 알지 못하는 누군가와 우리 사이에는 최대 다섯 명 정도의 중간 연결고리가 존재한다는 뜻이다. 이는 마치 보이지 않는 실로 연결된 거대한 거미줄과도 같다. 그리고 우리는 모두 그 거미줄의 일부로 존재한다.

여섯 단계 분리 이론의 현대적 사례로는 '케빈 베이컨의 여섯 단계' 게임이 있다. 1994년, 펜실베이니아대학교 학생들이 시작한 이 게임은 어떤 배우라도 여섯 단계 이내에 배우 케빈 베이컨과 연결할 수 있다는 내용이다.

예를 들어, 톰 행크스는 〈아폴로 13〉에서 케빈 베이컨과 함께 출연했으므로 단 한 단계 만에 연결된다. 조니 뎁은 베네딕트 컴버배치와 함께 〈블랙 매스〉에 출연했고, 컴버배치는 케빈 베이컨과 〈엑스맨: 퍼스트 클래스〉에 함께 출연했기 때문에 두 단계 만에 연결된다. 심지어 한국 배우들도 케빈 베이컨과 여섯 단계 이내에 연결된다. 이병헌은 〈지.아이.조: 리터리에이션〉에서 브루스 윌리스와 함께 출연했고, 브루스 윌리스는 케빈 베이컨과 〈더 키드〉에서 함께 연기했다. 배두나는 톰 행크스와 함께 〈클라우드 아틀라스〉에 출연했고, 톰 행크스는 케빈 베이컨과 〈아폴로 13〉에서 함께 작업했다.

단순한 오락에서 시작된 이 게임은 점차 사회 네트워크의 중요성을 보여주는 학문적 사례가 되었다. 할리우드처럼 방대한 네트워크 안에서도 여섯 단계라는 짧은 연결이 가능하다면, 우리의 일상도 크게 다르지 않을 것이다. 우리가 선택하는 행동 하나, 내뱉는 말 한마디가 생각지도 못한 방식으로 다른 이들에게 영향을 미칠 수 있다. 하지만 민우의 세계는 전혀 다른 궤적을 따르며, 그 스스로 연결의 가능성을 차단하고 있었다.

약한 유대의
강력한 힘

밤이 깊어가는 사무실, 민우는 홀로 모니터 앞에 앉아 있었다. 그의 마음 한구석은 알 수 없는 공허함으로 비어 있었다. K사로부터 면접 결과 이메일이 도착한 후 다른 세 곳의 회사에서도 비슷한 거절 답변을 들었다.

그의 스마트폰 화면에는 끊임없이 새로운 기술 스택을 공부하라는 알림이 쌓여갔다. 더 많이 알아야 한다는 강박, 더 완벽해져야 한다는 집착. 그러나 그에겐 그 무게를 함께 나눌 동료도, 털어놓을 상대도 없었다. 그가 자부했던 특별한 능력은 결국 그를 더욱 철저히 고립시키는 벽이 되었다.

그는 피로에 지친 눈으로 천장을 바라보았다. 그리고 여전히 의문이 남았다. "도대체 왜?" 모든 성과와 노력에도 불구하고, 세상은 그에게 답해주지 않았다. 이것이 바로 불행의 역설이다. 우리가 불행을 피하면 피할수록, 오히려 불행은 더 교묘한 방식으로 우리 삶에 스며든다.

현대 사회는 끊임없이 성공과 완벽을 추구하라고 속삭인다. SNS에는 성공 사례만 넘쳐나고, 기업들은 실수 없는 이력서를 원하며, 우리는 실패의 흔적을 지우기 위해 안간힘을 쓴다. 그러나 역설적이게도, 실패를 인정하고 불완전함을 받아들일 때 우리는 더 깊은 연결과 진정한 성장의 기회를 얻게 된다.

오늘날 많은 조직이 팀 문화 적합성을 중요하게 평가하는 이유가 바로 여기에 있다. 기술적 역량만으로는 복잡한 문제를 해결할 수 없기 때문이다. 다양한 배경을 가진 사람들이 서로의 약점을 보완하고, 실패로부터 함께 배우며, 약한 유대의 힘을 통해 창의적인 해결책을 만든다. 그러나 민우처럼 타인과의 관계를 외면하려는 사람들은 이러한 생태계에 조화롭게 참여하기 어렵다.

그가 그토록 철저히 삶에서 배제하려 했던 실패라는 불행은, 결국 그의 완벽해 보이는 성공의 가장 깊은 곳에 자리하고 있었다. 그가 쌓아올린 완벽한 성과의 탑은 높았지만, 그로 인해 주변의 사람과 어울리지 못했다. 오로지 자기만의 세상에 빠져 있던 탓에 오히려 가장 피하고 싶었던 실패를 맞닥뜨리는 아이러니한 상황에 놓였다.

일상이 된 생존 게임과
불행이라는 환상

"원장님, 공무원 시험에 합격하기만 하면 제 인생은 바뀔까요? 정말 행복해질 수 있을까요?"

2년째 공무원 시험을 준비하고 있는 27세 성우 씨는 대학 졸업 후 안정된 직장을 원하는 부모님 기대에 부응하고자 고시원에 틀어박혀 시험 공부만 했다. 하지만 최근 최종 면접에서 탈락해 자존감이 바닥까지 떨어진 상태로 나를 찾아왔다. 나는 그의 질문과 빈 눈동자에서 최근 본 넷플릭스 드라마 〈오징어 게임(시즌1)〉이 떠올랐다.

〈오징어 게임〉의 첫 장면 속 456명의 참가자들이 모인 공간은 기이하면서도 압도적인 강렬함을 띠고 있다. 화려한 원색으로 물든 공간, 복잡하게 얽힌 계단과 미로 같은 통로는 마치 마

우리츠 코르넬리스 에스허르Maurits Cornelis Escher의 작품 〈상대성Relativity〉과 〈올라가기와 내려가기Ascending and descending〉를 연상시킨다. 마치 성우 씨가 매일 오가는 고시원과 독서실 그리고 학원처럼 겉으로는 희망의 사다리를 오르는 듯 보이지만, 결국 원점으로 돌아오고 마는 것이다.

도박 빚에 시달리는 기훈, 탈북 과정에서 가족을 잃은 새벽, 가난에 허덕이는 이주노동자 알리, 그리고 과거의 영광을 뒤로 한 금융인 상우. 드라마 속 이들은 각기 다른 이유로 불행에서 벗어나고자 게임에 발을 들였다. 나는 상담실에서 수많은 기훈과 새벽, 알리를 만났다. 그들은 각자의 삶에서 서로 다른 형태의 불행을 겪고 있지만, 공통적으로 '이것만 해결되면 행복해질 수 있다'는 환상을 품고 있었다.

성우 씨 역시 "공무원 시험에만 합격하면 안정된 삶을 살 수 있을 거예요"라며 불안에서 벗어나기 위한 자신만의 게임에 뛰어들었다. 하지만 역설적이게도, 그의 필사적인 몸부림은 점점 더 깊은 불안의 나락으로 그를 몰아넣고 있었다.

"작년엔 필기에서 떨어졌고 올해는 면접에서 떨어졌어요. 내년엔 어떤 걸림돌이 또 있을까요? 이 과정이 과연 끝나기는 할까요?"

무한 경쟁 사회의
슬픈 민낯

프랑스 사회학자 에밀 뒤르켐Émile Durkheim의 '아노미anomie'는 급격한 사회 변동 속에서 전통적인 규범과 가치가 무너지고, 개인이 끝없는 성공과 생존의 압박 속에서 고립되는 모습을 말한다. 19세기 산업혁명 시기에 뒤르켐이 포착했던 이러한 현상은 21세기 한국 사회에서 더욱 첨예한 형태로 되살아나고 있다. 2024년 2분기 한국의 가계부채는 1896조 원에 이르러 사상 최고치를 기록했고, 합계출산율은 0.71명으로 추락했다. 이러한 수치는 단순한 경제 지표의 악화를 넘어, 뒤르켐의 통찰대로 무한 경쟁의 압박이 사회적 유대를 해체시키는 현상임을 보여준다.

"전 친구들과 만날 시간도 없어요. 다들 각자 공부하느라 바쁘고… 사실 만나도 누가 어떤 스터디에 들어갔는지, 어떤 문제집을 풀고 있는지 물어보다가 헤어져요. 우정이라기보다는 정보 교환에 가까워요."

성우 씨의 주변에서도 점점 더 많은 개인이 고립된 섬으로 변모하는 현상이 드러난다. '앞으로 나아가지 않으면 도태된다'는 집단적 불안이 우리 사회를 잠식해 가고 있다. 그렇게 우리는 모두가 어느새 〈오징어 게임〉의 참가자가 되어가고 있는지도 모른다.

"새벽 5시에 일어나 자리를 잡고, 밤 11시까지 앉아 있어요. 하지만 실제로 집중이 되는 시간은 얼마 안 돼요. 계속 주변을 살피게 되거든요. 누가 더 열심히 하는지, 내가 뒤처지고 있는 건 아닌지…. 옆 사람이 페이지를 넘기는 소리만 들려도 불안해져요."

한 발자국 앞으로 나아가려는 순간, 불안이 그를 덮치는 식이었다. 그러나 그대로 멈춰 서 있는 것 역시 허락되지 않는다. 정해진 시간 안에 목표를 달성하지 못하면 탈락, 즉 또 다른 형태의 '죽음'에 이를 뿐이다. 이 가혹한 게임의 규칙은 현대 사회의 민낯을 여과 없이 드러낸다.

성우 씨 일상에 깊이 자리 잡은 무언의 규칙들은 오징어 게임과 다를 바 없었다. '공시 준비는 꾸준함이 생명이다', '오늘 8시간 공부 못하면 내일 16시간 해야 한다', '한 번 쉬기 시작하면 끝이다'라는 목표와 다짐은 그의 목을 조였다.

"부모님이 매주 물어보세요. 얼마나 공부했는지, 모의고사 점수는 어땠는지 같은 것들요. 사랑에서 비롯된 질문인 걸 알지만, 마치 끝날 기미 없는 게임의 신호음처럼 들려요."

우리는 이 게임의 참가자가 되어 타인의 신호에 맞춰 살금살금 나아가거나 전력으로 질주한다. 그러나 아무도 이 경쟁의 종착점을 알지 못한다.

성우 씨는 최근 학원 스터디에서 있었던 일을 이야기했다.

"지난해 합격한 선배가 알려준 필기 요약본이 있었어요. 스터디원 중 한 명이 가지고 있었는데, 처음엔 모두와 공유하겠다고 했다가 갑자기 마음을 바꿨어요. 경쟁자에게 무기를 줄 수 없다면서요."

가장 가까웠던 친구도, 가장 믿었던 동료도 이제는 적이 되는 〈오징어 게임〉의 구슬치기와 닮아 있다. 상우는 알리의 순수한 믿음을 교묘히 이용했다. 규칙을 제대로 이해하지 못한 알리가 마지막 구슬을 잃는 순간, 상우의 눈빛에는 승리의 쾌감과 자기혐오가 교차한다.

냉혹한 세상에서
인간성을 잃지 않기 위하여

이 게임의 잔혹한 결말은 우리 사회의 불공정을 적나라하게 보여준다. 정보의 격차와 경험의 차이, 그리고 이를 이용하는 자와 이용당하는 자. 우리가 '공정한 경쟁'이라 부르는 것의 실체는 바로 이런 모습이다. 알리는 끝까지 상대를 믿었다. 파키스탄에서 한국으로 건너와 공장에서 일하며 겪은 수많은 불공정 속에서도 그는 여전히 인간의 선의를 믿었다. 하지만 게임에서 순수함은 치명적인 약점으로 작용했고, 타인에 대한 불신은 생존을 위한 필수 전략이 되었다. '각자도생'이라는 이름 아래 정당화된 우리 사회의 냉혹한 경쟁 규칙을 그대로 닮았다.

각자의 생존 방식은 다르지만, 그들이 느끼는 압박의 강도는 같다. 성우 씨의 눈빛에는 깊은 피로가 자리잡고 있었다.

"원장님, 때로는 그냥 포기하고 싶어요. 하지만 그러면 지금까지의 시간이 모두 물거품이 되는 거잖아요. 그리고 이제 와서 다른 길을 찾자니, 제가 뭘 할 수 있을지도 모르겠고…"

드라마의 게임 속 상금은 단순한 돈이 아니라, 새로운 삶의 기회이자 끝없는 생존 게임에서 벗어날 유일한 탈출구였다. 하지만 현실의 성우 씨가 꿈꾸던 탈출구를 향한 여정은, 결국 또 다른 형태의 잔인한 생존 게임으로 변하고 말았다. 성우 씨가 상담을 마치며 했던 말이 떠올랐다. "사실 전 이미 알고 있어요. 합격한다고 해서 모든 불안이 사라지지 않을 거란 걸요. 그런데도 이 길을 가는 이유는… 이게 제가 아는 유일한 탈출구거든요."

매일 아침, 수많은 사람이 지하철 개찰구를 통과한다. 프랑스 철학자 미셸 푸코가 언급한 파놉티콘panopticon처럼, 우리는 보이지 않는 감시자의 시선 아래 살아가고 있다. 영국 철학자 제러미 벤담Jeremy Bentham이 설계한 원형 감옥에서 착안한 이 개념은 중앙의 감시탑에서 모든 수감자를 감시할 수 있지만, 수감자들은 자신이 실제로 감시당하고 있는지 알 수 없는 구조를 뜻한다. 결국 수감자들은 끊임없이 감시당하고 있다고 믿으며 스스로를 통제하게 된다. 현대사회는 이 파놉티콘이 완벽히 구현된 공간이다. CCTV, SNS, 업무 평가, 성과 관리…. 우리는 누가, 언제, 어떤 기준으로 우리를 평가할지 모르기에 매 순간 스스로를 검열하며 살아가고 있다.

다른 삶의 가능성은 이미 오래전에 잊혔고, 이제 우리에게 남은 것은 익숙한 지옥뿐이다. 매일 아침, 자발적으로 지하철 개찰구를 통과하며 우리는 점차 오징어 게임 속 457번째 참가자가 되어간다. 우리 역시 예외는 아니다. 그러나 내담자들에게 항상 말하듯, 중요한 것은 게임에서 벗어나는 것이 아니라 그 게임이 우리의 인간성을 앗아가지 못하게 하는 것이다.

3장

타인은 지옥이라는 착각

내 인생이 아닌 타인의 삶,
타인이 살아주지 않는 나의 삶

당신은 드라마 속 주인공이 아니다

우리는 자신이 삶의 주인공이라 믿고 살아간다. 세상에서 가장 중요한 존재는 바로 '나'라고 여기는 믿음은 어쩌면 인간의 본성일지도 모른다. 하지만 이 믿음이 과하면 마치 세상의 중심에 자신이 우뚝 서 있다는 착각에 빠진다. 세상 사람들이 모두 자기를 바라본다는 잘못된 생각을 일으키며 주변 시선에 갇히고 만다.

프랑스 철학자 장 폴 사르트르Jean-Paul Sartre의 희곡 「닫힌 방」에는 "타인은 지옥이다"라는 구절이 등장한다. 사르트르가 말하고자 한 것은 타인의 시선을 통해 자신을 바라보게 되는 과정 자체가 곧 지옥과도 같다는 것이다. 우리는 끊임없이 자신을 인식하고 평가하지만 결국 타인의 시선 바깥으로 크게 벗어나지 못한다. 타인의 눈 속에 갇혀버리고, 그들의 생각에 따라 자신의 행동과 자아를 조정한다.

타인의 눈을 의식하는 순간, 우리는 더 이상 온전한 '나'가 아니다. 스스로를 하나의 '대상'으로 바라보며 타인에게 어떻게 보이는지에 집착한다. 이것이 바로 사르트르가 말한 자유의 제한이며, 실존적 고통의 근원이다. 자유로운 자기표현을 방해받고 진정한 자아를 찾는 여정이 가로막힌다. 사르트르의 말처럼 마치 지옥과도 같다.

타인 시선에 갇힌 자아

이제 은정의 이야기를 들여다보자. 은정의 옷장에는 몇 벌의 명품 브랜드 옷이 걸려 있지만 오로지 SNS 사진용이다. 그녀는 매일 아침 명품 옷을 걸치고 집 앞에서 사진을 찍고, 인스타그램에 '#바쁜아침 #출근길 #직장인스타그램'이라는 해시태그를 붙인다. 직장인처럼 화장을 하고 옷을 고르지만 발길이 향하는 곳은 자기 집 책상 앞이다.

명품 브랜드의 옷과 가방, 최신 전자기기, 고가의 화장품을 사기 위해 그녀는 빚을 냈지만 실제로 사용하는 일은 거의 없다. SNS 속 화려한 이미지를 보여주기 위한 소비였을 뿐이다. 그녀는 매일 아침 인스턴트커피를 스타벅스 컵에 담아 사진을 찍고 포토샵으로 보정한 후, '오늘도 힘찬 하루 시작! #모닝커피 #오피스라이프'라는 문구와 함께 SNS에 올린다.

그녀의 SNS 피드에는 온통 화려한 모습뿐이다. 해외 출장, 고급 레스토랑에서의 식사, 값비싼 외제 차, 럭셔리한 호텔에서의 휴가…. 하지만 피드 어디에도 그녀의 진짜 현실은 없다. 대부분의 사진은 합성된 이미지이거나 인터넷에서 가져온 것이다. 그녀는 포토샵과 스톡 이미지로 자신의 현실을 보정하는 데 능숙하다.

은정은 대학에서 경영학을 전공한 프리랜서 마케터다. 처음에는 자신의 업무 과정을 담담하게 보여주는 영상을 올렸다. 조회 수가 높게 나올 리 없었다. 그러다 SNS 속 성공한 타인의 삶에 빠져들면서 현실 속 자신의 평범한 삶에 회의감을 느끼기 시작했다. 자신도 치열하게 공부했고 누구보다 열심히 일하며 커리어를 쌓았지만 SNS 속 그들보다 무엇 하나 나은 게 없는 삶을 살고 있었다. 오히려 그들은 아무런 노력도 없이 너무 많은 것을 손에 쥐는 것만 같았다. 수만 명이 부러워하는 집과 직업, 그리고 명품 백과 슈퍼카까지. 열심히 살아온 자신이 그들보다 주목받지 못할 이유는 없었다. 온라인 공간에서라도, 누군가가 부러워하는 인플루언서가 되고 싶다는 갈망이 밀려오자 그녀는 거짓말로 채운 콘텐츠를 올리기 시작했다. 운은 따랐다. 거짓 콘텐츠에 사람들이 하나둘 반응하기 시작했다.

두 자아 사이에 놓인 현대인의 불안

은정의 이야기는 오늘날 한국 사회에서 많은 청소년이 겪고 있는 SNS 문제와도 연결된다. SNS는 청소년들의 일상에서 중요한 역할을 하며, 그들은 SNS를 통해 자신을 표현하고 사회적 지위를 확인받는다. 그러나 SNS의 비현실적인 자기 이미지에 대한 집착은 종종 그들을 심리적 압박으로 몰아간다.

심리학자 데이비드 엘킨드David Elkind는 청소년기에 두드러지는 심리적 특성을 '상상적 청중'과 '개인적 우화'로 설명한다. 상상적 청중은 가령 학교에 갈 때 머리가 약간 헝클어졌을 뿐인데 마치 모두가 그것을 지적할 것처럼 과도하게 의식하는 경향을 뜻한다. 개인적 우화는 '나만 특별하다'는 믿음으로, 자신의 경험이나 생각이 남들과는 다르게 독특하며 자기 존재가 세상에서 유일하다고 여기는 심리다. 청소년기의 자아 형성 과정에서 이 개념들이 극복되지 않으면 성인이 되어서도 타인의 시선에 휘둘리거나 자신을 과대평가하는 함정에 빠지게 된다.

SNS 시대가 도래하면서 엘킨드의 심리학적 개념은 새로운 의미를 갖게 되었다. 예전에는 '모두가 나를 보고 있다'는 생각이 단순히 청소년의 상상 속에서만 존재했지만, 오늘날에는 실제로 수백, 수천 명에게 자신을 노출할 수 있게 되면서 상상적 청중이라는 개념을 현실로 불러왔다. 그에 따라 '좋아요'의 숫자는 어느새 우리의 가치를 측정하는 척도가 되어버렸다.

비단 청소년만의 문제가 아니다. 많은 사람이 '현실 속의 나'와 'SNS 속 완벽하게 꾸며진 나'라는 두 자아 사이에서 흔들리고 있다. SNS에서는 개인적 우화가 더욱 강해지며 모든 순간이 특별하고, 기록할 가치가 있다고 믿게 된다. 자신의 일상이 타인에게도 중요한 의미를 가질 것이라는 착각에 빠진다. 하지만 동시에 타인의 화려한 게시물을 보며 자신과 비교하고 스스로를 초라하게 느낀다.

현실과 온라인의 간극이 커질수록 불안도 함께 자라난다. 심리학자들은 온라인과 오프라인에서 분리된 자아 정체성이 형성되는 현상에 주목하고 있다. 특히 자아를 확립해 나가는 청소년들에게 이런 분열은 혼란을 초래한다. 진짜 자신이 누구인지 알기도 전에 타인에게 보여주기 위한 자신을 먼저 만들어 가는 시대를 살게 된다.

은정의 삶은 누구를 위한 것일까? 현대 사회는 우리를 끊임없이 타인의 시선 속으로 밀어 넣고, 우리는 그 속에서 타인의 욕망을 자신의 욕망으로 여기며 살아간다. 은정이 처음 유튜브를 시작하게 된 이유가 희미해졌듯이, 그녀의 진정한 욕망은 타인의 시선이라는 짙은 안개 속에 묻혀버렸다.

사르트르는 "인간은 자유롭도록 선고받았다"라고 했다. 인간은 충분히 타인의 시선에서 벗어나 자신을 끌어안을 준비가 되어 있는 존재다. 이제 우리 얼굴에 가면을 씌우는 스마트폰을 잠시 내려놓고, 현실과 다른 SNS 속 자아를 떠나보내야 한다. 자, 이제 당신만의 새로운 이야기를 시작해 보자. 많은 사람에게 인정받지 못해도, 타인보다 특별한 삶을 살지 않아도 썩 괜찮은, 그래서 더욱 자유로운 당신만의 이야기를.

공갈빵 같은 세상에서의 진실한 관계

미연은 부유한 가정에서 물질적으로 부족함 없이 자랐지만, 정서적으로는 언제나 공허하고 메마른 기분을 느꼈다. 부모님은 사업으로 바빠 자녀들에게 신경 쓸 여력이 없었고, 그런 미연에게 유일하게 위안이 되는 존재는 세 살 터울의 언니 수연이었다. 언니 수연은 늘 미연의 마음을 살뜰하게 살폈고, 그들 자매는 서로를 돌보고 의지하는 관계로 자라났다. 언니 수연이 일찍 결혼해 가정을 꾸리고 아이를 낳은 뒤로도, 미연은 조카를 자기 아이처럼 챙기며 애정을 쏟았다. 누군가 미연에게 가족에 대해 물으면, 부모님이 아니라 언니와 형부, 조카가 먼저 떠오를 정도였다.

한편 미연은 중견기업의 마케팅 부서에서 일하며 안정적인 직장 생활을 이어가고 있었다. 하지만 회사의 구조조정 소식이 들려오면서 마음이 점점 불안해졌다. 같은 시기, 형부도 다니던 식품 유통 회사의 경영난으로 어려움을 겪고 있었다. 두 사람은 우연히 나눈 대화에서 서로의 불안을 공유했고, 이야기는 자연스럽게 새로운 사업 아이디어로 이어졌다.

"우리가 좋아하는 일을 함께 해보면 어때요? 건강한 로컬 식재료를 정기 배송하는 서비스요."

미연의 제안에 형부는 흔쾌히 동의했다. 그 후 몇 개월간의 준비 끝에 마침내 두 사람은 친환경 식품 배달 사업을 시작했다. 각자의 이력을 살려 미연은 마케팅을, 형부는 물류와 운영을 담당했다. 정기 배송 서비스가 사회적 트렌드로 자리를 잡으며 사업은 순조롭게 성장했고, 두 사람은 더 큰 규모로 확장하기 위해 창고를 임대하고, 배송 시스템을 구축하며 마케팅에도 돈을 투자했다.

그러나 예상치 못한 위기가 찾아왔다. 코로나19 확산으로 식재료 공급망이 붕괴되었고, 임대료 상승과 더불어 대형 유통업체들이 비슷한 서비스로 시장에 진입한 것이다. 불과 몇 개월 만에 심각한 경영난에 빠졌고, 두 사람은 3억 원에 가까운 부채를 짊어지게 되었다. 절박한 상황에서 미연은 여러 부동산을 소유하고 있는 부모님께 도움을 청했다. 그러나 부모님의 대답은 냉담했다.

"당장 그렇게 큰 현금이 어디 있니? 부동산은 있지만 지금 팔 생각은 없어. 그러게 누가 요즘 같은 시기에 사업을 하래? 제대로 알아보지도 않고 덜컥 시작해서 이 꼴이 난 거잖아. 너희가 책임져야지, 왜 우리한테 해결하라고 하는 거니?"

미연은 부모님이 자식보다 재산을 더 중요하게 여기는 모습에 다시 한번 절망했다. 결국 경영난을 극복하지 못하고 폐업을 결정하기까지 부모님은 두 딸이 겪는 고생을 끝끝내 모른 척했다. 이후 미연과 형부는 개인회생을 신청하기로 했다. 부채 상환 능력이 전혀 없는 사람이 선택하는 개인파산보다는 덜 극단적인 선택이었지만, 신용등급 하락과 금융 활동 제한 등 많은 제약이 따랐다.

법원에서 개인회생 상담을 받던 날, 미연은 불확실한 미래 앞에서 두려움을 느꼈다. 5년 동안 빚을 갚으며 신용불량자로 살아야 한다는 것, 그 과정에서 감당해야 할 시선과 제약을 떠올리자 숨이 막혔다. 상담사는 그녀에게 위로를 건넸다.

"너무 막막해하지 마세요. 실패가 아니라 재출발의 기회라고 여겨보세요. 5년이 아주 먼 시간처럼 느껴질 수 있지만, 생각해 보면 인생에서 그리 긴 시간은 아니에요."

그 말을 곱씹으며 집으로 돌아온 미연은 상담사의 말처럼 지금의 상황을 실패가 아닌 기회로 바라보기로 했다. 그러자 영원히 끝나지 않을 것 같은 암흑 속에서 한 줄기 빛이 보이는 기분이었다. 적어도 5년 후에는 이 상황을 벗어날 수 있으리라는 희망과 그렇게 만들겠다는 의지가 생겼다. 개인회생을 결정한 후 언니와 형부는 미연에게 함께 살자고 제안했다. 미연은 망설임 끝에 그들의 제안을 받아들였다. 이제 중학생이 된 조카까지 네 식구가 방 세 개짜리 작은 연립주택에서 함께 생활하게 되었지만 그 안에는 따뜻함이 있었다.

회생 기간이 시작되고 미연은 평일에는 공사장에서 안전 요원 일을, 주말에는 소형차로 배달 일을 병행했다. 형부는 물류센터 야간 관리직과 건설 현장 일용직을 마다않고 일했다. 언니 수연도 파트타임 아르바이트를 시작했다. 세 사람 모두 때때로 하루 14시간 이상 일하는 고된 일상을 보냈지만, 서로를 위한 배려와 공감을 잊지 않았다.

그들은 제약 속에서도 새로운 가능성을 찾기 위해 노력했다. 미연은 배달 일을 하며 보험 영업직에 도전했다. 처음에는 서툴렀지만 그녀는 자신의 강점인 진정성과 성실성으로 사람들에게 다가갔고, 점차 고객을 늘리며 인정받기 시작했다. 어느덧 배달 일을 그만두고 보험 영업을 전업으로 할 수 있을 만큼이 되었다. 한편 형부 역시 야간 근무를 하면서 틈틈이 소방설비기

사와 전기기사 자격증 공부를 시작했고, 1년 남짓 만에 두 자격증을 모두 취득해 대형 상업 건물의 관리 정규직으로 취업하게 되었다.

5년이라는 시간은 길게 느껴졌지만, 함께하는 동안 서로에 대한 이해와 신뢰는 더욱 깊어졌다. 경제적 여유도 조금씩 생겼다. 개인회생 절차가 끝나갈 무렵, 미연은 작은 원룸을 얻어 독립하기로 결정했다. 미연의 독립은 그들의 관계를 멀어지게 하는 것이 아니라, 오히려 더 건강하게 만드는 계기가 되었다. 서로의 공간과 시간을 존중하면서, 가끔 주말에 모여 함께 식사를 하고 생활을 공유했다. 각자의 삶 속에서 균형을 찾아가는 과정이었다.

어느 날 저녁, 언니네 가족과 함께 식사를 하던 미연은 문득 깨달음을 얻었다. 혈연이라는 이유로 무조건적인 사랑을 기대했던 부모에게서는 늘 어떠한 조건을 충족해야만 인정받을 수 있었지만, 선택에 의해 맺어진 이들과는 오히려 아무런 조건 없이 마음을 나누는 진정한 가족의 의미를 발견한 것이다. 형부와 함께 실패를 경험하고, 좌절 속에서도 서로를 비난하지 않고 함께 일어서면서 '진짜 관계'란 무엇인지 배우게 되었다.

미연에게 어린 시절의 집은 무채색이었다. 늘 혼나고 눈치 보며 살았던 공간, 좋은 성적이나 성취가 있을 때만 인정받을 수 있었던 곳. 그곳에는 풍부한 감정 표현이나 다채로운 경험은 존재하지 않았다. 하지만 언니네 가족과 함께하는 시간은 달랐다. 그곳에는 다양한 감정이 생생하게 오갔다. 기쁨도, 슬픔도, 때로는 사소한 다툼도 있었지만, 그 모든 순간이 진실했고 모든 감정이 허용되었다. 희로애락이 자연스럽게 흐르는 평범한 가족의 모습이었다.

미연은 부모님과의 관계를 최소한으로 유지하되, 더 이상 그들에게 경제적, 정서적 지지를 기대하지 않기로 했다. 그것은 관계의 포기가 아니라 건강한 경계를 설정하는 일이었다. 부모님이 줄 수 없는 것을 끊임없이 갈구하며 상처받기보다는, 있는 그대로의 관계를 받아들이고 그 속에서 균형을 찾아가는 성숙한 태도를 찾은 것이다.

미연의 삶은 여전히 완벽하지 않았다. 갚아야 할 빚도 남았고, 보험 일도 시작 단계에 불과했다. 하지만 이제 더 이상 필요 없는 관계에 얽매이거나, 건강하지 않은 관계를 좇지 않았다. 실패와 회복의 과정 속에서 자신과 타인에 대한 더 깊은 이해를 얻었고, 그것만으로도 충분히 의미 있는 삶이라고 느꼈다.

공허한 관계에 매달리는
당신을 위한 조언

영국의 사회학자 앤서니 기든스Anthony Giddens는 현대 사회의 많은 관계가 외적 기준이나 사회적 의무에 얽매여 있다고 지적했다. 형식적으로 관계가 유지될 뿐 그 속은 공허한 상태로, 진정한 교감과 이해가 부족한 관계가 많다는 것이다. 그는 이를 '순수한 관계'의 결여로 설명한다. 기든스는 진정한 관계란 의무나 외적 기준이 아니라, 관계 자체의 만족과 상호 신뢰에서 비롯된다고 말한다.

미연의 삶을 예로 들어보면, 부모와의 관계는 차갑고 형식적이지만, 언니 가족과의 관계는 순수한 관계에 속한다고 할 수 있다. 의무나 책임, 혈연이나 사회적 기대가 아닌, 진정한 이해와 신뢰에 기반한 관계 말이다. 이는 겉으로는 그럴듯하게 보이지 않지만 그 속은 단단한 진실로 채워진 관계다.

그러나 우리가 맺고 살아가는 수많은 관계 중에는 빈약한 관계가 많다. 마치 공갈빵처럼 겉은 부풀었으나 속은 비어 있는, 진정성이 결여된 연결이다. 이는 현대 사회에서 우리가 종종 관계의 깊이보다는 개수와 외형에 집중하는 분위기와도 관련이 있다. 특히 요즘 들어 많은 사람이 SNS의 팔로워 수, 인맥의 규모, 사회적 지위 같은 외적 기준으로 관계의 가치를 평가하곤 한다. 하지만 관계의 진정한 가치는 숫자가 아니라 그 안에 담긴 진실성, 상호 이해, 그리고 어려운 시간을 함께 견디는 의지에서 비롯된다는 점을 기억해야 한다.

또한 미연의 이야기는 우리에게 희망을 준다. 실패와 좌절이 때때로 가장 진실한 관계를 발견하는 계기가 될 수 있음을 보여주기 때문이다. 사업의 실패는 미연에게 경제적 어려움을 가져왔지만, 동시에 누가 진정한 자신의 편인지, 어떤 관계가 참된 가치를 지니는지를 깨닫게 해주었다. 경제적 성공과 사회적 지위가 보장될 때는 보이지 않던 관계의 본질이, 모든 것을 잃어버렸을 때 비로소 선명하게 드러난다.

또한 미연의 경험은 관계에서 적절한 거리두기와 경계 설정의 중요성을 알려준다. 부모와의 관계에서는 비현실적인 기대를 내려놓고 있는 그대로 받아들이는 성숙함을, 언니 가족과의 관계에서는 독립을 통해 오히려 더 건강한 유대를 형성하는 지혜를 배울 수 있다.

우리 모두는 삶의 어느 시점에서 미연처럼 자신의 관계를 돌아보게 된다. 그리고 묻게 된다. 내 주변의 관계는 공갈빵처럼 겉만 그럴듯한 것인지, 아니면 진정한 이해와 신뢰로 채워진 것인지.

  오늘 당신에게 묻고 싶다. 당신의 삶에서 가장 의지가 되는 관계는 무엇인가? 그 관계는 어떤 시련을 함께 견뎌왔나? 혹시 겉으로는 완벽해 보이지만, 실상은 공허한 관계를 유지하느라 에너지를 소모하고 있지는 않은가? 진정한 관계를 발견하는 첫 단계는 자신의 관계 지도를 솔직하게 그려보는 것에서 시작된다. 누구와 함께 있을 때 가장 편안한지, 누구 앞에서 가면을 쓰지 않고 온전히 나 자신으로 존재할 수 있는지 생각해 보자.

  이 질문의 답을 찾아가는 과정에서 우리는 조금 더 진실한 삶에 가까워질 수 있다. 때로는 관계를 재정의하고, 때로는 불필요한 기대를 내려놓으며, 때로는 용기를 내어 새로운 관계를 만들며 우리만의 '다채로운 가족'을 형성할 수 있을 것이다.

낯선 만남이 준 선물

인디라 간디 국제공항의 저녁 무렵, 하루의 긴 소란이 점차 가라앉고 있었다. 인파가 줄어들며 저 멀리서 또각또각 울리는 작은 발소리마저 선명하게 들릴 즈음, 방콕을 경유해 인천으로 향하는 비행기가 결항되었다는 소식이 공항의 고요를 깨뜨렸다. 그 전까지 서로 다른 점처럼 흩어져 있던 한국인들이 마치 약속이라도 한 듯 자연스럽게 모여 무리를 이루었다. "몇 시쯤 되어야 비행기가 뜰까요?", "아이고, 짐은 어쩌죠?" 걱정과 한숨이 뒤섞인 목소리 속에서 누군가는 간식을 꺼내 나누기도 했다.

평소 개인주의를 추구하던 나조차도, 타지에서 익숙한 한국어가 들리자 발길이 자연스레 그쪽으로 이끌렸다. 낯선 공항에서 그곳은 마치 먼 바다를 떠돌다 만난 익숙한 섬처럼, 특별한 설명 없이도 안도감을 주는 안식처가 되었다. 결항 소식에 한숨짓고 걱정하던 분위기도 이내 잦아들었다. 먼저 모인 사람들이 그 뒤에 다가온 사람들을 위로하며 불편함을 덜어주려는 모습이 한국인 특유의 공동체적 정서를 보여주는 듯했다.

밤이 깊어지자 사람들은 항공사가 마련해 준 호텔 로비의 한 구석에 자리를 잡았다. 낯선 도시에서 허기를 달래려 호텔 식당을 기웃거리던 중, 소파에 옹기종기 모인 한국인들 사이로 누군가 포일에 싸인 김밥을 꺼내며 말했다. "이거 드셔보세요. 제 딸이 싸준 거예요." 델리에서 식당을 운영하는 딸을 만나러 왔다는 중년 여성의 목소리에는 따뜻한 정이 묻어 있었다. 결항 소식을 전해 듣고 딸과 사위가 급히 싸 보냈다는 그 김밥은 이방인들 사이에 특별한 온기를 불어넣었다. 그 김밥은 단순한 음식이 아니었다. 나누는 행위 그 자체로 서로를 이어주며, 낯선 공간을 하나의 집으로 만들어 주는 매개체가 되었다.

독일 사회학자 게오르크 지멜Georg Simmel은 이방인에 대하여 단순한 방랑자가 아닌, "오늘 와서 내일도 머무는 존재"로 정의했다. 그는 도시의 이웃들처럼 물리적으로는 가까이 있지만 정서적으로는 여전히 낯선 존재로 남아 있는 사람들을 이방인이라 불렀다. 매일 엘리베이터에서 마주쳐도 인사조차 나누지 않는 이웃들, 같은 사무실에서 일하지만 서로의 안부를 묻지 않는 동료들. 지멜은 물리적 근접성과 정서적 거리감 사이에서 나타나는 이방인의 모순적 위치를 예리하게 포착했다.

그날 밤, 델리의 호텔 로비에서 우리는 모순적인 경험을 마주했다. 문자 그대로의 이방인들, 즉 오늘 왔다가 내일 떠나는 단순한 여행자들이었지만, 그 순간만큼은 서로에 대한 진정한 이해와 따뜻한 연대가 가능했다. 지멜이 경고했던 현대 도시의 고립된 삶과는 달리, 우리는 낯선 타국의 공간 속에서 예상치 못한 친밀감을 발견했다. 시간은 분명 일시적이고 공간은 낯설었지만, 그 순간의 진정성은 오래도록 기억에 남을 만큼 특별한 것이었다.

강제된 친밀함은 우리 자신을 잃게 한다

한국의 전통적인 관계 맺기는 마치 오래된 나무의 뿌리처럼 사람들의 삶을 깊이 얽어낸다. 학연, 지연, 혈연으로 이어진 관계는 인생 전반에 걸쳐 따라다니며, 한 번 맺어진 인연은 좀처럼 끊어지지 않는다. 이러한 특성은 특히 가족 관계에서 두드러진다. 한국은 세계적으로 가족 간 장기 기증이 가장 활발한 나라 중 하나다. 부모가 자녀의 간을 이식받고, 형제가 서로의 신장을 나누는 일이 자연스럽게 받아들여지는 이 문화는 육체의 일부를 나누는 행위마저 당연한 것으로 여기는 강한 유대를 보여준다. 하지만 이러한 깊은 연결은 때로 개인의 건강한 경계를 희미하게 만들기도 한다.

　결혼이라는 통과의례는 이러한 관계 맺기의 정점을 보여주는 사례 중 하나다. '결혼은 집안과 집안의 만남'이라는 오랜 말처럼, 개인의 선택은 종종 가문의 판단 앞에서 멈춰 서게 된다. 결혼 후에도 이어지는 시댁과 처가의 명절 행사와 가족 모임은 끝없는 의례처럼 반복되며, 육아와 교육에 있어서도 양가 부모의 목소리는 결코 작지 않다. 자녀가 부모의 노후를 책임져야 한다는 암묵적인 의무는 전통적 효의 가치와 현대적 개인주의가 충돌하는 지점에서도 그 힘을 잃지 않는다.

　이러한 관계의 촘촘한 망은 직장이라는 공간에도 스며 있다. 퇴근 후의 회식은 또 하나의 의무가 되고, 동료의 경조사는 참석해야 할 약속으로 여겨진다. 심지어 휴일에도 업무 알림은 끊임없이 울린다. '한 배를 탄 운명 공동체'라는 말 속에서 개인과 직장의 경계는 조금씩 흐려진다. 이러한 모습은 지멜이 언급한 현대인의 아이러니, 물리적으로는 가깝지만 정서적으로는 먼 관계와는 또 다른 차원의 딜레마를 보여준다. 우리는 강제된 친밀함 속에서 오히려 진정한 자아를 잃어가고 있는지도 모른다.

북유럽의 개인주의 문화는 우리가 흔히 떠올리는 '이기적 개인주의'와는 전혀 다른 모습을 띤다. 1933년 덴마크-노르웨이 작가 악셀 산데모세Aksel Sandemose의 소설 『도망자, 자기 발자국을 가로지르다En flyktning krysser sitt spor』에서 처음 소개된 '얀테의 법칙'은 이 독특한 문화의 본질을 조용히 드러낸다.

"당신이 특별하다고 생각하지 마라", "당신은 다른 사람들보다 중요하지 않다"와 같은 계율은 언뜻 보기에는 개인의 자유를 제한하는 듯싶다. 그러나 이 겸허함 속에서 가장 철저하고 성숙한 개인주의가 피어난다.

"타인을 가르치려 들지 말라"라는 얀테의 법칙은 각자의 삶에 과도하게 개입하는 행위를 경계하며, "다른 사람들이 당신을 신경 쓴다고 생각하지 말라"라는 말은 타인의 시선으로부터의 해방을 선언한다. "누구도 특별하지 않다"라는 문구는 단순해 보이지만, 실은 모두가 동등하게 자유롭다는 깊은 메시지를 담고 있다. 그리고 "남을 비웃지 말라"라는 계율은 인간의 존엄성을 인정하며, 개인과 공동체가 공존하는 데 필요한 마음가짐을 일깨워 준다. 북유럽의 이러한 오래된 지혜는 개인의 독립성과 공동체적 연대가 조화를 이루는 새로운 가능성을 보여준다.

현대 사회는 끊임없이 우리에게 '특별한 관계'를 요구한다. 더 친밀하게, 더 깊이, 더 의미 있는 관계를 만들어야 한다고 강요하듯 속삭인다. 우리는 직장 동료와 점심을 함께하고, 친구와 커피를 마시며, 가족과 저녁을 보낸다. SNS에는 수백 명의 친구가 있고, 메신저에는 멈출 줄 모르는 알림이 쌓여간다. SNS는 매일같이 더 많은 친구를 만들고, 더 잦은 소통을 하고, 더 깊은 유대를 쌓으라고 재촉한다. 마치 서로의 마음을 완벽히 이해하고 하나가 되는 것만이 진정한 관계의 증거인 것처럼 말이다.

프랑스 철학자 모리스 블랑쇼 Maurice Blanchot는 그의 저서 『밝힐 수 없는 공동체』에서 이러한 현대의 관계 맺기에 대해 깊은 통찰을 제시한다. 블랑쇼는 서로를 완벽히 이해하고 하나가 되어야 한다고 믿는 '완벽한 공동체'라는 환상을 경계한다. 그는 완전한 합일과 이해를 추구하는 이러한 이상적 공동체를 '부정적 공동체'라 부르며, 그 강박적 추구가 결국 개인의 고유성을 소멸시키고 서로의 다름을 부정한다고 지적한다. 이러한 강박은 역설적으로 진정한 만남의 가능성마저 차단해 버린다.

블랑쇼가 말하는 이상적인 공동체는 우리가 서로를 완전히 이해할 수 없다는 사실을 받아들이는 데서 시작된다. 그는 이를 '불가해성 不可解性'이라는 개념으로 설명한다. 이는 타인이란 결코 완전히 이해하거나 설명할 수 없는 신비로운 존재라는 것을 의미한다. 아무리 들여다보아도 그 깊이를 알 수 없는 우물과 같은 존재, 그 신비로움을 부정하려는 순간 우리는 마치 살아 있는 나비를 박제로 만들어 액자 속에 가두려는 것과 같은 오류를 범한다. 그 과정에서 우리는 살아 있는 존재가 가진 무한한 가능성을, 우리의 제한된 이해 속으로 억지로 끌어넣으려 하는 셈이다.

블랑쇼는 진정한 관계란 타인의 '부재'를 받아들이는 데에서 시작된다고 말한다. 여기서 부재란 단순히 누군가가 곁에 없다는 뜻이 아니다. 서로 간에 거리를 두자는 소극적 제안도 아니다. 부재는 타인을 완벽히 이해하거나 소유할 수 있다는 환상을 내려놓는 적극적인 태도를 의미한다. 우리가 타인을 영원히 다 알 수 없는 '미지의 존재'로 받아들일 때에야 비로소 더 깊고 진정한 관계가 가능해진다는 것이다.

인간은 타인을
완전히 이해할 수 없다

그날 밤 델리의 호텔 로비에서 나는 관계의 또 다른 가능성을 경험했다. 서로의 이름도, 배경도 모르는 낯선 이방인들이었지만, 바로 그 낯섦 덕분에 더 자유롭고 진실한 만남이 가능했다. 그 누구도 상대를 정의하거나 판단하려 하지 않았고, 단지 그 순간 그 자리에 함께 머무는 존재로서만 서로를 바라보았다. 어쩌면 그것이 블랑쇼가 말한 진정한 '공동체적 순간'이었을지도 모른다.

현대인의 일상은 끊임없는 관계의 그물망에 얽혀 있다. 우리는 매 순간 누군가와 연결되어 있다고 믿는다. SNS의 알림, 메신저의 대화, 수많은 만남 속에서 우리는 멈출 틈 없이 관계를 이어간다. 그러나 이 끝없는 연결 속에서도 우리는 오히려 더 깊은 고립을 경험한다. 지멜의 통찰처럼, 우리는 누군가와 함께 있으면서도 서로의 삶에 깊이 스며들지 못한 채 피상적인 교류만을 나누는 이방인으로 살아간다. 또한 블랑쇼가 지적했듯, 이러한 끝없는 연결에 대한 강박은 오히려 진정한 관계를 가로막는 장애물이 되고 있다. 우리는 완벽한 이해와 완전한 소통이라는 환상을 좇으며, 서로의 불가해성을 외면하고 있는지도 모른다. 타인을 완전히 이해하고 공유할 수 있다는 믿음은 결국 우리를 더욱 깊은 고립으로 몰아넣는 현대적 환상일 뿐이다.

가장 깊고 진정한 유대는 서로를 완전히 이해할 수 없음을 받아들이는 데서 시작된다. 타인은 언제나 우리의 이해를 넘어

서고, 영원히 낯선 존재로 남을 수밖에 없다는 사실을 인정할 때, 우리는 비로소 진정한 만남의 가능성을 발견하게 된다.

　인디라 간디 국제공항의 저녁, 우리가 나누었던 그 순간의 온기는 어쩌면 북유럽의 오래된 지혜가 전하려던 메시지와 닮아 있었는지도 모른다. 특별하지 않아도, 중요하지 않아도, 서로를 가르치려 들지 않아도 괜찮다. 그저 각자의 자리에서 적당한 거리를 두고 존재하는 것만으로도 우리는 충분한 관계를 만들어 갈 수 있다.

　깊어가는 밤, 호텔 로비의 불빛이 하나둘 꺼져갔지만 그 어둠 속에서도 우리는 서로의 존재를 느낄 수 있었다. 어쩌면 그것이야말로 우리에게 필요한 관계의 모습인지도 모른다. 서로를 밝히는 빛이 되어주되, 결코 눈부시지 않는 은은한 달빛 같은 거리감. 지나치게 가까워지지도, 너무 멀어지지도 않은 관계. 타인의 삶에 과도하게 개입하지 않으면서도, 필요한 순간 따뜻한 손길을 내밀 수 있는 균형. 우리는 이방인이었기에 오히려 그런 관계의 가능성을 발견할 수 있었다.

　어떤 관계는 순간적이기에 오히려 영원할 수 있다는 것을, 나는 그날 밤 처음 깨달았다. 우리는 다시 만나지 못할 테지만, 서로의 기억 속에 작은 온기로 남아 있을 것이다.

다시 짜는 관계의 무늬

유리는 엉킨 실타래처럼 복잡해진 마음으로 무작정 길을 걸었다. 한참을 걷다 보니 눈앞에 '뜨개 이야기'라는 간판이 보였다. 저도 모르게 발길이 그곳으로 이끌렸다.

가게 안으로 들어서니 알록달록한 실들이 가지런히 놓인 진열대가 눈에 들어왔다. 2층으로 향하는 계단 쪽에서 은은한 커피 향이 풍겼다. 유리는 곧 엄마의 생일이 다가온다는 생각에 4.5밀리미터 대바늘과 메리노울 실을 골랐다. 목도리를 떠보고 싶었다. 한 코 한 코 뜨다 보면 어지러운 마음이 조금이라도 가라앉을까 하는 기대 때문이었다.

계산을 하고 2층으로 올라가 햇살이 부드럽게 내려앉은 원목 테이블에 자리를 잡았다. 목도리는 뜨기 쉬울 거라 생각했는데, 막상 해보려니 쉽지 않았다. 코를 잡는 것부터 난관이었다. 자꾸 코가 빠지고 실이 엉켜버리는 탓에 잡았던 코를 몇 번이나 다시 풀어야 했다. 마음이 어지러운 탓에 손도 제 뜻대로 움직이지 않았다. 별거 중인 남편을 떠올리면 가슴이 무너졌고, 친정에서의 일들을 생각하면 머릿속이 복잡해졌다.

엉킨 실을 풀다 문득 자신의 머릿속도 이와 같지 않을까 싶었다. 그녀는 뒤엉킨 실처럼, 복잡한 감정과 생각 속에서 길을 잃고 있었다. '이렇게 간단한 것도 제대로 못 하다니.' 답답함에 한숨이 밀려 나왔다. 아마도 그녀는 목도리를 뜨는 것이 아니라 제 마음을 풀었다 감았다 하고 있었는지도 모른다.

"코잡기가 어렵죠? 메리노울은 처음 시작하기엔 까다로울 수 있어요."

고개를 들어보니 파란 앞치마를 두른 40대 여성이 미소를 짓고 서 있었다. 그녀는 자연스럽게 유리 앞에 앉아 바늘을 들었다. 자신을 이곳의 뜨개질 강사인 선영이라고 소개했다. 선영의 차분한 설명 덕분에 유리는 조금씩 바늘에 익숙해지며 코잡기를 완성할 수 있었다.

타인을 위한 삶은
언제나 자신을 위협한다

유리의 엄마는 전화 통화를 할 때면 언제나 돈 이야기부터 꺼냈다. "이번 달에는 얼마나 보낼 수 있니?" 엄마는 매달 월급날에 맞춰 꼬박꼬박 전화를 걸었고, 단 한 번도 밥은 먹었는지, 몸은 건강한지와 같은 그 흔한 안부조차 묻지 않았다.

20세기 가장 위대한 사상가로 꼽히는 마르틴 부버Martin Buber는 인간관계의 본질적인 방식을 '나와 그것' 그리고 '나와 너' 이렇게 두 가지로 보았다. '나와 그것'은 상대를 단지 목적 달성을 위한 도구나 수단으로 바라보는 방식이다. '나와 너'의 관계는 상대를 온전한 존재 그 자체로 마주하고 존중하는 만남이다. 엄마에게 유리는 마치 '그것'과 같았다. 자신의 노후를 책임지는 화수분 같은 존재에 불과했다.

그녀는 고등학교를 졸업하자마자 은행에 취직했다. 친구들이 대학 생활을 시작할 때 그녀는 낮에는 창구에 앉아 고객들의 통장을 정리했고, 밤에는 간신히 야간대학을 다녔다. 매달 월급의 절반 이상을 집으로 보냈지만 엄마의 불평은 끝이 없었다. "옆집 애는 대기업에 들어가서 월급이 너보다 훨씬 많더라. 집에 얼마나 꼬박꼬박 돈을 보내는지 몰라." 그녀의 꾸준한 희생에도 불구하고 엄마의 마음은 결코 채워지지 않았다.

엄마의 말은 늘 유리의 가슴을 찔렀다. 그녀가 정말 원했던 건 단 한 마디였다. "우리 딸, 참 고생 많구나. 힘들지?" 하지만 그런 말은 한 번도 들을 수 없었고, 그럼에도 유리는 엄마의 사랑을 갈구했다. 엄마의 요구를 들어줄 때마다 마음 한구석에는 '이번에는 인정받을 수 있을까?' 하는 희미한 기대가 있었다.

그녀에게 삶의 변화가 생긴 건 결혼이었다. 고객으로 만났던 남자와 연애를 하게 되었고, 얼마 되지 않아 결혼 이야기가 나왔다. 하지만 엄마는 결혼을 극렬히 반대했다.

"너 미쳤니? 얼마 만나지도 않았고 너보다 일곱 살이나 많은 남자랑 결혼이라니!"

표면적으로는 교제 기간이 짧다는 것과 나이 차이를 반대 이유로 내세웠지만, 사실 엄마는 딸이 떠나는 것을 두려워했다. 10여 년 전 아버지가 돌아가신 후, 엄마의 유일한 경제적 지원자는 유리뿐이었고 당연히 결혼 후에도 엄마의 경제적 요구는 끊이지 않았다. 남편은 그녀를 이해하려 애썼지만, 점점 인내심의 한계에 다다랐다.

"이럴 거면 평생 장모님이랑 살지, 나랑 결혼은 왜 한 건데?"

그의 날카로운 질문에 유리는 대답할 수 없었다. 그렇게 결혼 3년 만에 큰 다툼이 있었고, 결국 유리는 집을 나와 친정으로 돌아갔다. 친정에서의 날들은 그녀를 더욱 공허하고 외롭게 했다. 엄마는 여전히 돈 이야기를 해댔고, 결혼 생활이 끝날지도 모르는 상황에서 유리를 더더욱 감정적으로 괴롭게 만들었다. 끝없는 신세 한탄과 돌아가신 아버지에 대한 원망, 별것 아닌 일로 지인과 다퉜던 이야기를 몇 시간씩 늘어놓았다.

그녀는 카페에서 목도리를 뜨며 남편과의 관계를 떠올려 보았다. 그녀는 어쩌면 도망치기 위해, 엄마에게서 받지 못한 사랑을 대신 받기 위해 결혼을 선택한 것은 아니었을까? 그 과정에서 남편을 진정으로 바라보지 않고, 필요를 채워줄 수단으로 여겼던 것은 아닐까? 엄마가 자신에게 그랬듯, 자신 또한 남편에게 같은 방식으로 상처를 주고 있었던 것은 아닐까? 수많은 질문이 그녀의 마음을 짓눌렀다.

옆에서 함께 뜨개를 하던 선영이 말했다.

"마음이 복잡할 때가 있죠. 그래서 제가 뜨개를 시작했어요. 뜨개에 집중하면 모든 걱정이 사라지더라고요."

실과 바늘을 다루는 데 조금씩 익숙해지니 더 이상 실이 엉키지 않았다. 한 코 한 코 정성스럽게 뜬 목도리는 어느새 반이 완성되었다. 목도리의 무늬가 점점 선명해지듯, 그녀는 자신과 엄마의 관계를 다시 정의하고 싶었다.

비뚤어진 관계를
끊어내는 용기

엄마의 생일, 그녀는 완성된 목도리를 상자에 담아 준비했다. 하지만 그녀를 마주한 엄마의 첫마디는 변함없었다.

"세탁기가 고장났어. 네가 좀 알아보렴."

유리는 깊게 숨을 들이쉬고 목도리가 담긴 상자를 건넸다.

"엄마, 제가 직접 떴어요. 생신 축하드려요."

순간 엄마의 표정이 굳어졌다.

"이런 거 말고. 지금 필요한 건 세탁기야."

상자를 받지 않는 엄마의 손이 차갑게 느껴졌다. 한 코 한 코 정성들여 엮은 목도리처럼 유리는 오랜 시간 엄마와의 관계를 유지하기 위해 노력했지만, 이제 그 패턴이 바뀌어야 할 때임을 깨달았다.

"엄마, 저는 엄마의 ATM이 아니에요. 딸이에요. 사람이에요."

"내가 여태껏 너를 얼마나 힘들게 키웠는데. 여자 혼자 아이를 키운다는 게 쉬운 줄 아니? 자식의 도리는 키워준 값을 하는 거야."

그 순간 유리는 생각이 똑똑히 정리되었다. 지난 30여 년 동안, 자신은 엄마에게 '사람'이 아니라 '투자 대상'이었던 것이다.

이번에는 움츠러들지 않고 엄마를 똑바로 바라보았다.

"엄마, 이제 그만할래요. 지금까지 했던 것만으로도 충분해요. 엄마 때문에 이혼당하게 생겼어요. 저는 돈을 벌어오는 존재가 아니에요! 해도 해도 너무하잖아요!"

그날 밤, 유리는 짐을 싸서 친정을 나와 고시원에 방을 얻었다. 좁고 불편했지만 오랜만에 느껴보는 자유였다. 고시원의 작은 창문 너머로 밤하늘을 바라보며, 그녀는 자신의 삶을 어떻게 다시 짜나갈지 생각했다. 목도리의 무늬를 바꾸듯 관계의 패턴도 바꿀 수 있지 않을까.

며칠간의 고민 끝에 유리는 용기를 내어 남편에게 전화를 걸었다. 3개월 만의 연락이었다. 어색한 침묵이 흐른 뒤, 유리는 조심스럽게 입을 열었다.

"갑자기 전화해서 미안해." 그녀는 잠시 숨을 고르고 말을 이었다. "엄마와의 관계에 대해 많이 생각해 봤어. 그동안 내가 너무 엄마 일에만 매달려서… 당신 마음을 제대로 들여다보지 못했던 것 같아."

전화기 너머로 그의 숨소리가 들렸다. 남편은 쉽게 말을 꺼내지 않았지만, 전화를 끊지 않고 듣고 있다는 사실만으로도 유리는 작은 희망을 느꼈다.

"당장 모든 게 해결될 순 없겠지만," 유리가 잠시 숨을 고르고 다시 말을 이었다. "변화가 필요하다는 건 분명해. 우리… 천천히 다시 시작해 볼 수 있을까?"

그는 여전히 말이 없었지만, 유리는 관계의 실이 완전히 끊어지지는 않았다는 것을 느낄 수 있었다. 뜨개질처럼, 한 코 한 코 천천히 다시 시작할 수 있는 가능성이 있었다.

무엇보다 유리는 깨닫게 되었다. 부버가 말했던 진정한 만남, '나와 너'의 관계로 나아가기 위해서는 시간과 인내가 필요하다는 것을. 관계를 다시 짜는 일은 목도리를 뜨는 것처럼, 정성스럽게 엮어나가는 과정이라는 것을.

우리는 때때로 다양한 관계 속에서 상대방을 온전한 존재로 이해하기까지 많은 시간을 필요로 한다. 또한 상대가 설정한 관계를 그대로 따르며 자신의 존재를 지워내는 실수를 범하기도 한다. 하지만 이 모든 것은 누군가를 '그것'이 아닌 '너'로 바라볼 때 풀린다. 자기 삶의 시간을 코를 잇듯 스스로 하나하나 엮어 나가기를, 타인과의 관계에 결코 '나'와 '너'가 아닌 것을 앞세우지 않기를 바란다.

스스로 만드는 지옥

나를 통해 고통의 도시로 들어가게 되리라.
나를 통해 영원한 고통으로 들어가게 되리라.
나를 통해 잃어버린 사람들 사이로 들어가게 되리라.

나를 지은 이는 전능하신 신의 정의라네.
나를 만든 이는 최고의 지혜와 근원적 사랑이라네.

나보다 먼저 창조된 것은 없나니
영원한 것들뿐이요,
나 또한 영원히 존재하리라.
들어오는 자여, 모든 희망을 버려라.

단테 알리기에리Dante Alighieri의 『신곡』 지옥편에 등장한 이 구절에는 지옥이 '정의'와 '근원적 사랑'으로 만들어졌다는 역설적 선언이 들어 있다. 마치 부모가 자식을 진심으로 사랑하기에 엄격하게 훈육할 수밖에 없는 것처럼, 신은 죄인들을 위해 정의와 사랑이라는 이유를 앞세워 이 영원한 감옥을 만든 것이다. "모든 희망을 버려라"라는 문장은 더 이상 구원의 가능성이 없는, 영원한 단절의 공간임을 단호히 선언한다.

단테의 『신곡』에 따르면, 지옥 중에서도 가장 밑바닥 아홉 번째 장소는 얼음으로 뒤덮인 코키토스 호수로, 가장 악한 자인 배신자들이 떨어지는 지옥이다. 이곳은 다시 네 개의 구역으로 구분되는데, 각각의 구역은 배신의 죄질에 따라 나뉜다. 혈족을 배신한 이들이 있는 '카이나', 조국을 배신한 이들이 모인 '안테노라', 손님과 친구를 배신한 이들이 갇힌 '톨로메아', 그리고 은인과 주인을 배신한 자들이 처벌받는 '주데카'이다.

지옥의 최심부로 알려진 주데카에서 단테는 유다, 브루투스, 카시우스를 발견한다. 유다는 예수를 배신한 죄로, 브루투스와 카시우스는 카이사르를 배신한 죄로, 이곳에서 가장 가혹한 벌을 받고 있다. 악마 루시퍼의 세 개의 입 속에서 끊임없이 씹히는 형벌이다.

특별하다고 외치는
사람들의 배신

지옥에서도 가장 악한 죄로 여겨지는 배신은, 현대 사회에서 더 교묘하고 구조화된 방식으로 이루어진다. 2022년 5월, 전 세계 암호화폐 시장은 큰 충격에 빠졌다. 스탠퍼드대학교 출신 천재 개발자로 알려진 권도형이 설계한 테라-루나의 생태계가 붕괴한 것이다. 안정적인 수익을 약속하던 시스템이 한순간에 무너졌고, 400억 달러 이상의 자산이 증발했다. 2023년 3월 몬테네그로에서 체포된 그는 증권 사기와 전신 사기 등 8개 혐의로 기소되었다. 이 사건은 평범한 사람들의 꿈과 희망을 산산조각 내고 말았다.

2022년 11월에는 또 다른 천재가 법정에 섰다. 실리콘밸리의 엘리자베스 홈스다. 스탠퍼드대학교를 중퇴한 뒤, 19세의 나이에 테라노스를 창업한 그녀는 "단 한 방울의 혈액으로 수백 가지 질병을 진단할 수 있다"는 혁신적인 약속을 내세웠다. 미국의 전 국무부, 국방부 장관과 같은 저명 인사들이 이사진으로 참여하며 기업 가치는 무려 90억 달러까지 치솟았다. 그러나 결국 그 기술이 전부 거짓임이 드러났다.

우리의 일상도 이러한 배신에서 자유롭지 않다. "엄마, 스마트폰 잃어버렸어요"라는 단순한 메시지가 수천만 원의 피해로 이어지고, 자신도 모르는 사이에 안 쓰던 통장이 범죄에 이용되기도 한다. 신용불량자에게 도움의 손길을 가장하며 접근하는 대출 사기는 이제 흔한 일이 되었다. '원금 보장'이나 '확실한 수익'을 약속하는 폰지 사기 역시 여전히 주변에서 우리를 노린다.

감정을 인질로 삼는 배신은 더욱 교묘한 형태를 띤다. 넷플릭스 다큐멘터리 영화 〈틴더 스윈들러〉의 주인공 시몬 하유트는 자신이 다이아몬드 기업의 후계자라고 사칭하며 유럽 전역의 여성들에게 접근했다. 그는 호화로운 삶을 과시하며 진정한 사랑을 약속했지만, 그것은 이전 피해자들에게서 갈취한 돈으로 꾸며낸 연극에 불과했다.

국내에서도 이러한 사기 행태는 심지어 리얼리티 연애 프로그램에서도 드러난 적이 있다. 명문대 출신에 전문직 종사자라는 허위 프로필은 신뢰를 얻기 위한 미끼에 불과했고, 결국 그들의 진짜 목적은 피해자들의 재산을 빼앗는 것이었다. 출연자들의 과거 행적이 제보자에 의해 대중에게 알려진 사례도 벌써 여러 번이다. 이러한 감정을 볼모로 한 범죄가 심화되면서 경찰은 이들을 '포식 기생 범죄자'라는 새로운 이름으로 분류하며 경계를 강화하기 시작했다.

사기꾼들이 우리의 마음을 꿰뚫고 조종하는 방식은 놀라울 만큼 체계적이다. 사회심리학자 로버트 치알디니 Robert Cialdini 는 이를 '영향력의 무기'라 명명했다.

테라-루나의 권도형은 이러한 무기들을 완벽히 활용했다. 스탠퍼드 출신이라는 '권위'를 내세우며, 수많은 언론 인터뷰에서 블록체인 기술의 혁신을 강조했다. 또한 유명 가상화폐 거래소들이 테라-루나를 앞다투어 상장한다는 '사회적 증거'를 통해 신뢰를 얻었다.

이 전략을 더욱 정교하게 활용한 건 엘리자베스 홈스였다. 키신저와 매티스 같은 저명인사들을 이사진에 영입하여 '권위'를 강화했고, 검은 터틀넥과 흐트러짐 없는 금발, 굵은 목소리로 스티브 잡스를 완벽히 재현하며 '호감'을 이끌어 냈다. '세상을 바꾸는 혁신'이라는 메시지는 실리콘밸리의 향수를 자극했고, 투자자들은 '제2의 스티브 잡스'라는 환상에 빠져 지갑을 열었다.

〈틴더 스윈들러〉의 시몬 하유트는 '상호성'의 원칙을 활용했다. 처음에는 피해자를 비싼 레스토랑으로 초대하고, 프라이빗 제트로 호화로운 여행을 선물했다. 이러한 작은 '친절'이 반복되면서 피해자들은 점점 더 큰 금액의 '도움'을 거절하지 못하게 되었다.

이들은 영향력의 무기를 단순히 하나씩 사용하는 데 그치지 않았다. 마치 교향곡을 연주하듯 정교하게 배치하여 우리의 이성적 판단을 마비시켰다. 그러나 더 근본적인 문제는 우리 내면에 있다.

정신분석학자 하인츠 코헛 Heinz Kohut 은 나르시시즘적 취약성은 우리가 가진 본질적 약점을 꿰뚫는다고 지적했다. 나르시시즘적 취약성을 가진 사람들은 자신의 가치를 타인의 인정과 승인에 지나치게 의존하며, 이상화할 대상을 찾아 헤맨다. 사기꾼들은 바로 이러한 심리를 교묘히 이용한다. 그들은 자신을 성공한 전문가로 포장하며 피해자의 이상화 욕구를 자극하고, "선택받은 소수만을 위한 특별한 기회"라는 레퍼토리로 그들의 특별해지고 싶은 갈망을 건드린다.

현대 사회는 이러한 취약성을 더욱 증폭시킨다. SNS는 매일같이 "특별한 누군가가 되라"고 속삭이고, 치열한 경쟁 사회는 우리를 불안과 소외감 속으로 밀어 넣는다. 디지털 시대의 고립감은 우리를 온라인상의 가짜 친밀감에 더욱 취약하게 만들어, 사기꾼들이 제시하는 달콤한 제안에 쉽게 넘어가게 한다.

단테가 배신자들을 지옥의 최심부에 배치한 것은 이러한 죄악의 본질을 드러낸다. 모든 배신은 신뢰라는 선물을 독으로 되갚는다는 공통점을 가지고 있다. 살인이나 폭력이 순간적 격정에서 비롯될 수 있다면, 배신은 오랜 시간 신뢰를 쌓은 후 그것을 파괴하는 '계산된 악'이다. 그래서 이들의 형벌은 불이 아닌 얼음이다. 차갑고 계산적인 배신의 결과로, 그들의 벌은 영원한 고립이다.

'대박', '인생역전', '특별한 기회' 같은 말들이 우리를 유혹할 때, 우리는 이미 그들과 함께 지옥으로 향하는 길에 서 있다. 그들은 우리의 결핍을 정확히 간파하여 완벽한 수익률이라는 신기루, 위험 없는 투자라는 신화, 혹은 순간적으로 피어나는 영원한 사랑을 약속한다. 우리는 그들의 약속이 거짓임을 느끼면서도 현실을 외면하고, 스스로의 욕망에 이끌려 그들의 손을 잡는다. 배신자들은 죽어서 코키투스의 얼음 속에 갇히겠지만, 우리는 지금 이 순간 스스로의 결핍과 욕망이 만들어 낸 살아 있는 지옥을 걷고 있다.

"들어오는 자여, 모든 희망을 버려라." 단테의 이 경구는 역설적으로 우리에게 희망을 제시한다. 환상을 버리고 진실과 마주할 때 비로소 우리는 자유로워질 수 있기 때문이다.

고통을 받아들이는
용기에 대하여

피처럼 붉게 타오르는 하늘 아래, 고통으로 일그러진 얼굴의 어떤 이가 두 손으로 귀를 틀어막고 비명을 지르고 있다. 귀에 가져다 댄 손바닥 틈으로 세상의 모든 불행이 스며드는 듯하다. 유명한 그림 중 하나인 에드바르 뭉크Edvard Munch의 〈절규The Scream〉 속 장면이다.

어느 봄날, 에마 보바리도 이런 절규를 속으로 삼켜야 했던 것일까? 비소의 쓴맛이 혀를 타고 목구멍을 넘어갈 때, 그녀의 내면에도 저 붉은 하늘이 드리워져 있었을까? 완벽한 행복을 꿈꾸던 그녀의 마지막 순간은, 가장 완벽한 불행으로 마무리된다. 미완의 행복을 좇다가 끝내 완성된 불행을 선택한 그녀의 초상은, 어쩌면 불행을 부정하며 살아가고자 애쓰는 우리 모두의 자화상일지도 모른다. 19세기 노르망디의 한 시골 마을을 배경으로 하는 소설 『마담 보바리』의 주인공 에마의 이야기는, 그래서 오늘날의 우리에게도 여전히 유효한 메시지를 던지고 있다.

'나'와의 관계가 어긋난 자의 완벽한 불행

『마담 보바리』가 탄생하기 전 비슷한 시기, 독일 철학자 아르투어 쇼펜하우어 Arthur Schopenhauer는 그의 대표작 『의지와 표상으로서의 세계』를 통해 인간 존재의 본질적 비극을 꿰뚫어 보았다. 그에 따르면 삶이란 끝없는 욕망의 연속이며, 하나의 욕망이 채워지는 순간 또 다른 욕망이 생겨나 그 자리를 대신하는 영원한 갈증의 상태라고 했다. 마치 사막의 신기루처럼, 인간은 완벽한 행복이라는 환영을 좇아 쉼 없이 달려가지만, 그것을 붙잡는 일은 영영 불가능하다는 것이다. 우리는 고통과 권태 사이를 진자처럼 오갈 뿐 진정한 만족이란 존재하지 않는다는 것이 그의 통찰이었다.

에마 보바리의 삶은 이 숙명적 비극의 완벽한 구현이었다.

루앙의 수녀원에서 지내던 어린 에마의 방 창가에는 언제나 로맨스 소설이 놓여 있었다. 그녀는 달빛 아래서 만나는 연인, 은밀한 편지를 주고받는 귀족 여인들의 삶에 매료되었다. 성당의 첨탑처럼 높이 솟아 있는 사랑의 환상은 그녀의 상상 속에서 더욱 빛났다. 소설은 그녀에게 삶이란 언제나 아름다워야 하며 사랑은 늘 격정적이어야 한다고 속삭였다.

샤를 보바리를 처음 만났던 날, 에마는 자신의 인생이 마침내 소설처럼 흘러갈 것이라 믿었다. 정직하고 성실한 시골 의사의 아내가 된다는 것, 그것은 분명 소설 속 여주인공의 삶과 닮아 보였기 때문이다. 하지만 현실은 달랐다. 일상은 단조롭기만 했고, 남편은 소설 속 주인공처럼 낭만적이지 않았으며, 시골 생활은 지루함으로 가득했다. 불행은 그렇게 시작되었다.

에마는 자신이 꿈꾸던 이상화된 삶과 실제 현실의 괴리에 깊은 실망을 느끼고, 그 실망감에서 벗어나기 위해 필사적으로 노력하기 시작했다. 더 화려한 드레스를 사들이고, 더 값비싼 장신구로 자신을 치장했다. 그러나 그 무엇도 그녀의 갈증을 채워주지는 못했다. 결국 그녀는 불륜이라는 도피처를 찾기에 이른다.

귀족적인 매력의 루돌프와의 열정적인 사랑은 에마가 꿈꾸던 모든 것을 충족시켜 줄 것처럼 보였다. 그러나 곧 그는 에마를 떠났고, 그녀는 다시 레옹과의 비밀스러운 만남을 시작한다. 더 완벽한 행복을 향한 의지, 불행을 부정하려는 의지, 현실을 바꾸려는 의지… 그 모든 의지가 역설적으로 그녀를 더 큰 불행으로 이끌었다.

레옹을 만나기 위한 잦은 외출로 그녀는 끊임없이 거짓말을 만들어야 했고, 사치스러운 소비로 빚은 눈덩이처럼 불어났다. 19세기 프랑스 시골 마을의 평범한 의사 월급으로는 도저히 감당할 수 없는 액수였다. 더 이상 빚을 해결할 수 없다는 통보를 받은 날, 에마의 세계는 완전히 무너져 내렸다. 한때 완벽한 사랑이었던 루돌프는 그녀의 도움 요청을 거절했고, 레옹마저 그녀의 곁을 떠났다. 모든 환상이 산산이 부서진 자리에는 차갑고 냉혹한 현실만이 남았다.

비소를 삼키기 직전 거울 속에 비친 그녀의 모습은 어땠을까? 그렇게도 완벽한 행복을 꿈꾸던 그녀는, 완벽한 파멸 앞에 서 있었다. 어쩌면 그녀는 죽어가는 순간에도 자신이 그토록 탐독했던 로맨스 소설의 한 장면을 연출하고 싶었는지도 모른다. 하지만 현실의 죽음은 소설 속에서의 그것과는 달랐다. 비소는 그녀의 내장을 태우며 천천히, 고통스럽게 그녀를 죽음으로 이끌었다.

비극은 에마 혼자만의 것으로 끝나지 않았다. 그녀가 추구했던 환상은 결국 그녀 자신의 삶뿐 아니라, 그녀를 진심으로 사랑했던 이의 삶까지도 파멸로 이끌었다. 남편 샤를은 에마의 유품을 정리하던 중 그녀의 연애편지들을 발견했고, 그제야 자신이 얼마나 큰 배신 속에서 살아왔는지를 깨달았다. 아이러니하게도 에마를 향한 그의 무조건적인 사랑은 이 잔혹한 진실 앞에서도 흔들리지 않았다. 오히려 그 사실은 그를 더욱 깊은 절망으로 몰아넣었고, 삶의 의지마저 앗아갔다. 경제적 파탄, 정신적 고립, 깊어지는 우울 속에서 그는 점차 육체적으로 쇠약해져 갔고, 그 역시 얼마 지나지 않아 세상을 떠나게 되었다.

에마의 비참한 최후를 담은 『마담 보바리』의 이야기는 오늘날까지 이어지고 있다. 21세기를 사는 우리의 모습은 과연 에마와 얼마나 다를까? 화려한 드레스와 낭만적인 연애편지 대신, 우리 시대의 보바리들은 좀 더 세련된 방식으로 자신을 파괴하고 있을 뿐이다.

인스타그램 피드를 가득 채운 완벽한 일상의 순간들, 필터로 보정된 행복한 얼굴들, 부러움을 사는 휴가지의 사진들…. 우리는 마치 현대판 로맨스 소설을 쓰듯 자신의 삶을 연출하고 있다. 불안과 우울이 깊어져 가는데도, 해시태그에는 늘 '#행복 #감사'가 따라붙는다. 불행이라는 감정은 아예 존재하지 않거나, 설령 존재하더라도 인정해서는 안 되는 것처럼 우리 스스로를 검열한 결과다.

프랑스 문학비평가 쥘 드 고티에Jules de Gaultier는 이러한 현상을 두고 '보바리즘bovarysme'이라고 명명했다. 현실에 만족하지 못하고, 환상 속 자아를 꿈꾸며 그 환상에 따라 살고자 하는 태도를 말한다. 그러나 완벽한 삶을 연출하기 위해 지불해야 하는 대가는 결코 적지 않아서, 때로는 보바리 부인처럼 극단적인 선택으로 이어지기도 한다. '극단적 선택'이라는 완곡한 표현 뒤에 숨은 우리 시대의 비극은, 어쩌면 불행을 인정하지 못하는 우리의 집단적 강박이 만들어 낸 결과일지도 모른다.

스스로 택한 지옥에서 벗어나는 방법

삶이란 본질적으로 고통이다. 쇼펜하우어는 우리에게 말한다. 삶에서 고통과 불행은 피할 수 없는 것이라고. 우리가 할 수 있는 것은 단 하나, 이 냉혹한 진실을 받아들이는 것뿐이다. 불행이 삶의 본질임을 인정할 때, 우리는 더 이상 헛된 희망에 시간을 낭비하지 않게 될 것이다. 보바리 부인은 이 진실을 끝내 받아들이지 못했고, 결국 비극적 최후를 택했다.

불행이 우리 삶의 일부라는 사실을 인정하는 순간, 역설적으로 우리는 조금 더 가벼워질지 모른다. 완벽하지 않은 일상을 편안히 드러낼 수 있고, 슬프고 지친 날의 감정을 인정할 수 있으며, 때로는 그저 평범한 하루를 보내는 것에도 만족할 수 있게 될 것이다. 더 이상 행복한 척, 완벽한 척 애쓰지 않아도 된다. 보바리 부인의 비극은 결국 우리 모두의 자화상이다. 다만 우리는 그녀보다 조금 더 현명해질 수 있다.

완벽한 행복을 강요하는 세상에서 불완전함을 받아들일 줄 아는 용기야말로 진정한 자유의 시작이다. 불행을 삶의 동반자로 받아들이고 그와 함께 걸어가는 법을 배울 때, 우리는 비로소 보바리 부인이 찾지 못했던 진정한 행복을 발견할 수 있을지 모른다. 그것은 더 이상 소설 속 환상이나 SNS의 필터처럼 거짓된 것이 아닌, 있는 그대로의 우리 삶이 지닌 가치일 것이다.

타인의 존재를
진정으로 마주한다는 것

앞서 연인과의 이별, 집의 누수로 스트레스를 받았던 수진의 이야기로 돌아가 보자. 많은 일을 겪은 후 수진은 다시 일상을 누릴 수 있었다. 주말이 오자 밀린 집안일을 정리하며 몸을 바쁘게 움직였다. 그간 현관 앞에 쌓아두었던 재활용 쓰레기를 두고 볼 수 없던 그녀는 헐렁한 운동복에 빗질하지 않은 머리를 대충 고무줄로 묶고 재활용 쓰레기를 들고 현관을 나섰다. 예전 같으면 이런 차림으로 문 밖을 나서는 일은 없었을 테지만, 이제는 별로 신경 쓰이지 않았다.

분리수거장에서 페트병 라벨을 제거하고 있을 때였다.

"아침부터 고생이 많네요."

등 뒤에서 들려온 목소리에 돌아보니 7층에 사는 남자였다.

"네, 모처럼 일찍 움직이려고 해요. 그나저나 지난번 누수 업체 알려주신 것 정말 감사해요. 큰 도움이 되었어요."

수진은 어색한 미소를 지으며 답했다. 가벼운 운동복 차림의 남자는 여전히 그녀를 바라보고 있었다.

프랑스 철학자 에마뉘엘 레비나스Emmanuel Levinas는 "타인의 얼굴을 마주하는 순간, 윤리적 책임이 시작된다"고 말했다. 이때 레비나스가 말하는 '얼굴'이란 우리가 흔히 생각하는 거울 속에 비치는 모습이 아니라, 한 사람의 본질, 그 사람다움 전체를 의미한다. 예를 들면 이웃의 일상에 관심을 보이는 따뜻한 마음이 담긴 표정 같은 것이다. 우리는 타인의 얼굴을 통해 그 사람의 연약함과 진심을 마주하게 된다. 레비나스는 그 순간 비로소 진정한 관계가 시작된다고 말한다.

이후로도 둘은 엘리베이터나 아파트 출입구에서 종종 마주쳤다. 수진이 먼저 인사를 건네거나 그가 먼저 손을 흔들 때도 있었다. 그녀는 처음으로 다른 사람의 시선이나 불필요한 것들에 신경 쓰지 않고, 아무렇지 않게 타인을 대하는 법을 깨달아 가는 중이었다.

내 삶에서 도망치지 않겠다는
결심이 필요할 때

수진이 일하는 곳은 디지털 마케팅에 강점을 가진 중견 광고 대행사다. 어느 날 팀장이 급하게 그녀를 불러 새로운 프로젝트에 대해 설명했다. 최근 떠오르고 있는 AI 스타트업과의 협업이었다. 수진은 팀원들과 밤낮없이 준비한 첫 번째 기획안을 보냈고, 일주일 후 그 회사의 대표로부터 직접 답장이 왔다.

수진 님, 제안서 검토 의견 드립니다.
첫째, 캠페인 메시지가 시장의 현재 상황을 반영하지 못하고 있습니다. 2030세대에게 AI는 이미 특별한 것이 아닙니다. 이들은 매일 AI 기술을 사용하며 이를 자연스럽게 받아들이고 있습니다.
둘째, 타겟 오디언스의 미디어 소비 패턴을 고려할 때, 메시지 전달 방식에도 변화가 필요합니다. 15초 이내 숏폼 콘텐츠의 참여율이 월등히 높게 나타납니다.
브랜드의 혁신을 보여줄 수 있는 더 임팩트 있는 접근이 필요해 보입니다. 수정된 제안 기대하겠습니다.
대표 알렉스 백

평소의 수진이었다면 "네, 말씀하신 대로 수정해서 다시 보내드리겠습니다"라는 메일을 보낸 후 클라이언트의 의견에 맞춰 밤을 새워가며 몇 번이고 제안서를 다시 썼을 것이다. 온전히 고객의 니즈에 부응하는 것, 그것이 그동안 그녀가 쌓아온 커리어의 방식이었다.

하지만 그녀는 달라졌다. 전 남자친구와의 이별 이후 매일 밤 베갯잇을 적시며 울었고, 아침이면 부은 눈을 겨우 감추고 출근하곤 했다. 계속 이어지는 불면과 식욕 부진은 그녀를 점점 무겁게 짓눌렀다. 완벽한 기획자의 가면을 쓸 에너지조차 남아 있지 않았다. 무엇보다 그녀는 타인의 의견만 따르던 예전과는 다른 태도로 삶을 바라보겠다는 큰 결심을 한 뒤였다.

백 대표님,

리뷰 감사합니다. 데이터는 중요한 참고 사항이지만, 실제 필드에서는 또 다른 인사이트들이 있습니다. 2030세대의 AI 수용도가 높다는 점은 동의하지만, 이들이 정말 원하는 건 단순한 편리함이 아닙니다.

다만 이메일로는 설명드리기 어려운 부분들이 있습니다.

시간 되실 때 통화 가능할까요?

김수진 드림

이메일을 보낸 지 얼마 지나지 않아 전화가 걸려왔다. 백 대표였다. 이메일 속에서 그들은 그저 '알렉스 백'과 '김수진'에 불과했지만 전화 속 목소리에서는 진짜 모습이 묻어났다. 상대방의 의견을 경청하는 태도, 피곤에 지친 미묘한 떨림, 말끝에 담긴 신중함. 글자로는 결코 전할 수 없는, 그 순간 그 사람됨의 진실이 목소리에 담겨 있었다.

레비나스가 목소리에 주목한 이유는 목소리에는 그 사람의 '현존現存'이 담겨 있어서다. 현존이란 단순히 물리적으로 존재하는 것이 아니라, 있는 그대로의 모습으로 그 순간에 온전히 머무는 것을 의미한다.

수진은 피곤한 목소리지만 자신의 생각을 또박또박 말했다. 소비자들이 AI에 대해 느끼는 미묘한 거부감, 진정성 있는 메시지가 실제 구매로 이어지는 사례들, 그리고 그동안의 경험에서 얻은 인사이트까지 천천히 설명했다.

"흥미로운 포인트네요."

백 대표의 반응은 예상 외로 긍정적이었다.

"그럼 이렇게 해보죠. 수진 님이 말씀하신 인사이트를 살리면서, 저희 데이터를 활용해 보완해 봅시다. 다음 주쯤 미팅을 잡고 구체적으로 논의하면 좋겠네요."

첫 대면 미팅이 잡혔다. 백 대표의 사무실로 향하는 동안 수진의 가슴은 평소보다 빠르게 뛰었다. 발표 자료가 담긴 태블릿을 다시 한번 확인하며 그녀는 깊게 숨을 들이마셨다. 며칠 밤을 새워가며 준비한 자료였지만, 불안감은 쉽게 가라앉지 않았다. 사무실 문이 열리는 순간, 수진은 깜짝 놀라 동작을 멈췄다. 7층 남자였다.

엘리베이터나 동네에서 운동복 차림으로 보던 모습과는 전혀 다르게 세련된 수트를 입고 있었다. 평소 자연스럽게 흐트러져 있던 머리카락 대신 깔끔하게 정돈된 헤어스타일은 그의 이목구비를 더욱 또렷하게 드러냈다.

"안녕하세요."

그가 부드러운 목소리로 먼저 인사를 건넸다. 레비나스는 "타인의 얼굴을 마주하는 순간, 모든 이론과 개념이 무너진다"고 했다. 이메일 발신자 '알렉스 백', 전화 너머의 '백 대표', 그리고 아침마다 엘리베이터에서 스치던 '7층 남자'가 하나로 겹쳐지는 순간이었다.

백 대표의 안내에 따라 회의실로 이동했다. 회의실 분위기는 수진의 예상과 전혀 달랐다. 전형적이고 딱딱한 분위기의 회의실이 아닌, 스탠딩 데스크와 모듈형 테이블이 자유롭게 배치되어 있었고, 한쪽 벽은 통유리로 되어 있어 서울의 전경이 한눈에 들어왔다. 직원들은 대부분 청바지에 셔츠나 니트를 입고 있었고, 각자 자유롭게 의견을 주고받고 있었다.

회의가 끝나고 사람들이 하나둘 자리를 떠나자, 수진은 테이블 위의 서류를 천천히 정리하며 생각에 잠겼다.

"수진 씨, 저희 라운지에서 잠시 이야기 나눌까요?"

문 앞에서 그녀를 부른 건 백 대표, 진우였다.

라운지의 통유리 창밖으로는 서울의 스카이라인이 펼쳐져 있었다. 저녁 어스름 속에서 하나둘 켜지는 도시의 불빛이 반짝였다. 수진은 조심스럽게 입을 열었다.

"오늘 미팅에서 만날 거라고는 상상도 못 했어요. 제 이웃이 백 대표님일 줄이야…"

"세상은 생각보다 좁죠. 수진 씨, 다음 주에 저희 회사에서 '인공지능과 인간성'을 주제로 한 워크숍을 진행합니다. 수진 씨의 인사이트가 큰 도움이 될 것 같은데, 함께해 주실 수 있을까요?"

레비나스는 이런 순간을 '초대'라고 부른다. 타인을 자신의 세계로 초대하는 것, 그것은 관계의 새로운 차원을 여는 행위다. 자신의 일상과 시간을 함께 나누겠다는 의지, 타인에게 마음의 문을 여는 방식이니까.

수진은 잠시 창밖을 바라보았다. 그녀의 눈에는 망설임이 어렸다.

"워크숍에 참여할 수는 있지만… 업무적인 차원에서만 가능할 것 같아요."

진우는 그녀의 대답에 고개를 끄덕였다. 그의 표정에서는 실망의 기색이 전혀 보이지 않았다. 오히려 수진의 경계를 존중하는 따뜻함이 느껴졌다.

"물론이죠. 사실 워크숍에 필요한 건 바로 수진 씨 같은 현장 전문가의 시각이에요. 우리는 데이터는 많지만, 그 뒤에 있는 사람들의 이야기는 놓치기 쉬우니까요."

그의 태도는 레비나스가 말한 '윤리적 관계'의 모습을 보여 준다. 레비나스에게 윤리적 관계란 상대방의 자유와 선택을 있는 그대로 인정하고, 그의 타자성을 존중하는 태도다. 백진우는 수진의 경계와 선택을 존중하면서, 동시에 그녀의 가치를 인정하고 있었다.

"워크숍에서 제가 실제로 어떤 도움을 드릴 수 있을지는 모르겠지만… 최선을 다해 볼게요."

수진의 목소리에는 결심과 용기가 깃들어 있었다.

타인의 목소리에
진실로 응답하는 것

레비나스 철학의 정수는 타인의 부름에 응답하는 것에 있다. 그에게 응답이란 단순한 대답을 넘어선 윤리적 행위다. 우리가 타인의 얼굴을 진정으로 마주하고, 그 존재가 우리에게 던지는 무언의 호소에 귀 기울일 때, 비로소 우리는 응답하게 된다. 응답은 나와 타인 사이의 관계가 가장 깊은 차원에서 실현되는 순간이다.

수진의 대답은 작은 것처럼 보일지 모르지만, 그 안에는 진정한 만남을 향한 첫걸음이 담겨 있었다. 형식적인 업무 관계를 넘어, 서로의 얼굴을 마주하는 순간으로. 두 사람 사이에 레비나스가 말한 진정한 응답의 가능성이 조용히 열리고 있었다.

4장

삶이 무한하다는 착각

어차피 삶은 끝이 난다

정신과 의사의 죽음 성찰

어느 해 10월의 하루였다. 하늘은 끝없이 높았고 진료실 창문 너머로 보이는 산과 들에서는 가을 냄새가 짙게 퍼지고 있었다. 오후 5시 30분, 병동 업무를 마친 뒤 진료실로 돌아와 퇴근을 준비하고 있을 때였다. 전화가 울렸다.

"과장님, 현우 씨 형님 전화입니다. 연결해 드릴까요?"

원무과에서 걸려온 전화였다. 짐작되는 일이 있어 바로 보호자와 통화했다.

"과장님, 우리 현우가 오늘 떠났습니다."

무슨 말을 해야 할지 몰랐다. 습관처럼 위로의 말을 건네는 것이 죄송스러워 침묵을 지켰다. 오랜 시간 지켜봐 온 환자였기에 그의 마지막 소식은 깊은 여운을 남겼다. 문득 생전의 모습들이 떠올랐다.

현우 씨를 처음 만난 건 7년 전, 새로운 병원에 부임했을 때였다. 그는 당시 30대 후반이었고 20대 초반부터 조현병을 앓아온 환자였다. 병동에서 종종 문제를 일으키곤 했지만, 다른 환자들을 돕거나 의료진에게 친절한 모습을 보일 때도 많았다. 미워할 수 없는 존재, 정이 가는 영리한 장난꾸러기였다. 그러던 어느 날 그가 속이 더부룩하다고 했다. 소화기 내과와의 협진 끝에 초음파와 복부 CT 검사를 진행했고 원인을 찾았다. 췌장암이었다. 이미 복강 내 전이가 진행된 말기 상태였다.

그 순간부터 그는 내 환자가 아니었다. 우리 병원을 떠나 대학병원 종양내과로 옮겨졌다. 사실 췌장암 말기라는 진단은 회복 가능성이 없다는 말과 다름없었다. 그의 형은 호스피스 병원 입원을 알아보았지만, 정신과 병력이 있다는 이유로 거절당했고 결국 그는 마지막 한 달을 다시 우리 병원에서 보내게 되었다.

그러나 이곳으로 돌아온 뒤 병세는 빠르게 악화됐다. 결국 다시 대학병원으로 이송 결정이 내려지고 말았다. 그가 돌아올 수 없다는 걸 알면서도, 병실을 함께 썼던 환자들은 평소처럼 인사를 건넸다. 늘 해오던 일상적인 작별 인사였지만, 그날만큼은 유독 애틋하게 들렸다.

현우 씨는 "과장님, 그동안 감사했습니다. 건강하십시오"라는 마지막 인사를 건넸다. 살아생전 마지막 만남이라는 것을 우리는 서로 알고 있었다.

짧은 고민 끝에 조문을 가기로 마음을 정하고 그가 잠든 장례식장으로 향했다. 로비에서 현우 씨의 이름을 찾고 여덟 개나 되는 빈소를 둘러보았지만, 어디에도 보이지 않았다. 혼란스러웠다. 병원 정문 쪽으로 나가던 중 문득 정원으로 시선이 갔다. 병원 본관 앞 정자 근처에서 검은 옷을 입은 무리가 보였다. 혹시나 하는 마음에 가까이 다가가 보니, 정말 현우 씨의 가족들이었다. 대여섯 명이 모여 있었고 그중에는 내가 아는 얼굴도 있었다. 현우 씨의 형과 아버지였다. 현우 씨의 형은 나를 보자마자 신발도 채 못 신고 정자에서 급히 내려왔다.

"아이고 과장님, 바쁘신데 어찌 여기까지 오시고…. 우리 현우 마지막 가는 거 보려고 와주셨군요. 고마워서 어쩌죠. 얼른 여기 정자로 오셔서 앉으세요."

"아직 빈소 배정을 못 받으셨나 봐요. 이제 조금 있으면 밤인데 현우 씨 아버님 추우시겠어요."

"과장님, 장례식장은 따로 없어요. 찾아올 조문객이 없어서 빈소를 따로 마련 안 했거든요. 여기 정자에서 소식 듣고 오는 친척들만 조문 받을까 해요. 무엇보다 이곳이 현우가 이 병원에서 가장 좋아했던 곳이에요. 틈만 나면 병실에서 나와 여기 앉아 있었어요. 저기 병원 앞 사진관 보이시죠? 현우가 거기서 영정 사진을 찍었어요. 불쑥 자기 영정 사진을 미리 찍어놓으면 가족들이 편하겠구나 했나 봐요."

머리가 띵했다. 한 사람의 마지막 길이 이렇게도 볼품없고 초라할 수 있을까. 남들은 당연히 차지하는 장례식장 단 한 칸도 현우 씨에게는 허락되지 않았다. 화환도 없었고, 정성껏 마련한 빈소도 없었다. 현우 씨의 마지막을 애도하는 사람은 상복을 입은 누나 두 명과 매형, 아버지와 형, 그리고 나뿐이었다.

현우 씨를 위한 빈소가 된 정자에 신발을 벗고 올라갔다. 향도 없고 국화도 없지만, 그 자리에 있는 사람들의 애도하는 마음만큼은 그 어떤 화려한 장례식장에도 뒤지지 않았다. 정자 기둥에 기대어 놓은 현우 씨의 영정 사진을 보는 순간, 울컥하는 마음이 솟았다. 병원 앞 사진관에서 찍었다는 그 사진이었다. 삐쩍 마른 얼굴이지만, 형님에게 빌린 양복을 단정하게 차려입고 환하게 웃고 있었다.

영정 사진 앞에서 두 손을 모으고 절을 올렸다. 다음 세상에서는 췌장암 같은 걸로 아프지 마시라고. 조현병 같은 거 갖고 태어나지 마시라고. 고개를 들어 영정 속 현우 씨를 다시 한번 바라본 후 두 번째 절을 했다. 좋은 가족이 있어서 마지막 가는 길이 외롭지 않으셨겠다고. 훨훨 날아서 얼른 좋은 세상으로 가시라고.

절을 할 것이라고 예상하지 못했던 형이 놀란 눈으로 나를 바라봤다. 영정 사진을 향해 절을 마치고, 상주인 형을 향해 몸을 돌려 다시 절하려 했다. 그제야 형님도 정자에 앉아 있다가 벌떡 일어나 영정 사진 앞에 반듯이 섰다. 상주에게 몸을 굽히자, 형도 합을 맞추어 맞절을 했다. 모르는 사람이 본다면 정말 이상한 광경이었을 것이다. 누군가 정자 위에서 갑자기 기둥을 향해 절을 두 번 하고 다시 서로 맞절을 하니 말이다. 하지만 정자 위에 놓인 영정 사진을 바라보며 절을 한 나와, 상주로서 합을 맞춰 절을 한 형은 망자에 대한 마지막 예의를 함께 갖춘 것이었다.

누구나 자기만의
고유한 죽음을 향한다

현우 씨 앞에 무릎을 꿇고 절을 하면서 문득 의문이 들었다. 우리는 왜 누군가의 마지막을 '평화롭게 떠났다'라고 표현하는 것일까? 현우 씨의 마지막은 과연 평화로웠을까?

미국의 문화인류학자이자 사회심리학자인 어니스트 베커 Ernest Becker의 책 『죽음의 부정』이 떠올랐다. 1974년 출간된 이 책으로 베커는 퓰리처상을 받았지만, 아이러니하게도 그 상의 발표를 약 두 달 앞두고 49세의 나이로 세상을 떠났다. 평생 죽음을 연구했던 사람이 결국 누구보다 빠르게 죽음을 맞이한 것이다.

베커가 우리에게 던진 가장 중요한 질문은 이것이다. 인간은 왜 죽음을 직시하기를 거부하는가? 그의 답변은 단순하다. 죽음에 대한 공포가 너무 크기 때문이다. 인간은 자신이 언젠가 죽는다는 사실을 인식하는 유일한 존재이며, 이 죽음의 의식은 견디기 힘든 불안을 가져온다. 그래서 우리는 이 불안을 완화하기 위해 '문화적 방어체계'를 구축한다. 종교를 믿거나, 위대한 업적을 남기거나, 아름다운 예술을 창조함으로써 '상징적 불멸'을 추구한다.

현대 사회는 죽음을 병원, 요양원, 장례식장이라는 격리된 공간에 가두어 두고, '평화롭게 떠났다'는 표현으로 죽음의 실체를 부드럽게 포장한다. 이러한 미화는 죽음에 대한 두려움을 줄이기 위한 사회적 방어기제다. 하지만 죽음은 평화롭지 않을 때가 더 많다. 병마와의 싸움, 미완의 꿈, 사랑하는 이들과의 이별이 뒤섞인 복잡한 과정이다.

2018년 《더 타임스》에 실린 한 편지가 이를 잘 보여준다. 아흔두 살의 할머니가 부고란을 보며 물었다.

"왜 부고란에는 항상 누군가가 '평화롭게 떠났다'라고만 쓰는 것일까요? 좀 더 현실적으로 표현할 수는 없는 걸까요? 사람들이 흥분된 채로, 기쁘게, 꿈결처럼, 조용히, 그리움을 안고, 사랑스럽게, 승리에 찬 채로, 희망을 품고, 용감하게, 마지못해, 저항하듯이, 분노하며, 반항하며, 비극적으로, 극적으로, 불가사의하게, 혹은 의미 있게 죽었다고 하면 안 되는 걸까요?"

정자 위에서 현우 씨의 영정을 바라보자, 이 질문이 가슴 깊이 와닿았다. 장례식장도 없이, 병원 앞 정자에서 마지막 작별을 고하는 현우 씨의 죽음은 '평화롭다'는 단어 하나로 설명할 수 없는 복잡한 감정들을 담고 있었다.

베커에 따르면 우리 사회는 죽음을 연상시키는 존재들, 가령 병든 자, 노인, 정신질환자 등의 사람들을 사회적 시야에서 밀어낸다. 현우 씨는 정신질환자로서, 그리고 말기 암환자로서, 이중의 소외를 경험했다. 호스피스에서도 받아주지 않았다는 게 그 증거다. 장례식장에서조차 그는 자리를 얻지 못했다.

그러나 역설적이게도, 정자에서의 작별은 오히려 죽음을 더 진솔하게 마주하는 시간이 되었다. 형식적인 조문이나 정해진 의례 없이, 오직 진심으로 현우 씨를 그리워하는 사람들만이 모여 투명한 슬픔과 그리움으로 그를 떠나보냈다.

현우 씨의 형이 현우 씨가 영정 사진을 찍으러 가던 날을 떠올리며 말했다.

"현우가 영정 사진을 찍겠다며 집에서 제가 입던 양복을 가져다 달라더라고요. 새 양복을 하나 사주마 했더니, 입을 일도 없는데 왜 돈을 쓰냐고 하면서 새 양복은 필요 없다고…."

현우 씨는 대부분 사람들이 피하고 싶어 하는 죽음의 현실을 정면으로 마주하는 용기를 보여줬다. 많은 이들이 자신의 죽음을 생각하기조차 두려워하는 반면, 현우 씨는 자신의 마지막을 준비했다. 통증이 있는 몸으로, 형이 입던 낡은 양복을 꿰어 입으며 무슨 생각으로 혼자 영정 사진을 찍으러 갔을까? 아마도 점점 드리워지는 죽음의 그림자를 묵묵히 감내했던 건 아니었을까?

죽음의 수용이
삶을 풍요롭게 한다

정신과 의사로서 나는 다른 과 의사들과 달리 환자들의 사망을 지켜볼 기회가 거의 없다. 갑작스러운 큰병이 발견되면 정신과 환자들은 종합병원이나 대학병원으로 전원되기 때문이다. 그런 의미에서 현우 씨의 마지막을 가까이에서 지켜본 경험은 내게 특별한 일이었다.

베커의 말처럼, 죽음을 인식하고 받아들이는 것은 역설적으로 삶을 더 풍요롭게 만든다. 현우 씨와의 마지막 작별은 의사로서, 그리고 한 인간으로서 내게 깊은 성찰의 기회를 주었다.

현우 씨가 떠난 뒤에도 그의 형과의 인연은 이어졌다. 명절이면 사과며 배를 들고 병원에 찾아왔고, 지나가다 들렀다며 불쑥 음료를 놓고 가기도 했다. 어느 날에는 기장 미역을 손에 들고 있었다. 아파트 부녀회에서 공동 구매를 하길래 내가 생각나서 샀다고 했다.

"과장님, 현우가 과장님 부임하시던 때요. 예쁜 과장님이 자기를 담당하게 되었다며 좋아했어요. 말도 조근조근 하신다는 말도 했어요. 현우가 병동에서 말썽을 피웠는데 야단치지 않고 다음부터는 이리 하지 말라고 얘기해서 좋았다고도 했어요. 우리 현우가 과장님 예쁘다고 좋아했어요."

아, 그들에게 나는 '예쁜' 사람이었구나. 그들은 나에게 다정한 이웃이었다. 누구에게도 잊히지 않을 작은 흔적을 남기며, 베커가 말한 상징적 불멸을 그들 나름의 방식으로 이루어 가고 있었다.

서해안이 보이는 수목장, 소나무가 많은 그곳에서 현우 씨는 잠들었다. 그의 나무 아래에는 작은 표지석이 놓여 있고, 그 위에는 이렇게 새겨져 있다.

> 네 웃음소리 이제 바람 되어
> — 박현우(1976-2014)

10월 하늘이 유난히 높고 맑을 때면, 나는 여전히 정자에 기대어 서 있던 현우 씨의 영정 사진을 떠올린다.

베커는 우리에게 죽음을 직시할 용기를 가지라고 말한다. 죽음을 '평화롭다'는 상투적인 표현으로 미화하지 않고, 그 복잡하고 때로는 고통스러운 실체를 있는 그대로 받아들일 때, 우리는 오히려 더 풍요롭고 진실된 삶을 살 수 있다.

현우 씨의 죽음이 평화로웠다고 할 수 있을지는 모른다. 그의 마지막은 누군가에게는 '애틋하게', 다른 이에게는 '서글프게', 또 다른 이에게는 '의연하게' 느껴졌을 것이다. 그 모든 감정이 어우러져 현우 씨만의 고유한 마지막을 만들었다. 그리고 그 진실된 마지막을 함께 나눈 우리는, 어쩌면 죽음이라는 가장 근본적인 인간의 기본 앞에서 서로를 더 깊이 이해하게 되었는지도 모른다.

삶을 바라보는 새로운 렌즈

흐릿한 새벽안개가 산자락을 감싸고 있던 그날 아침, 우리 삼남매는 아버지의 비석을 세우고 있었다. 검은 화강암에 아버지의 출생일과 사망일, 그리고 항렬자를 새겨 넣는 일이 마지막 효도가 될 것 같아 가슴이 먹먹해졌다. 우리가 비석을 서둘렀던 이유는, 먼저 하늘로 떠난 아버지가 위태로운 어머니를 살펴봐 주시기를 바란 마음에서였다. 차가운 새벽 공기를 가르며 서둘러 비석을 세우는 동안, 자식들의 마음은 그저 한 가지 바람으로 가득했다.

'아버지, 어머니를 살펴주세요. 제발 일으켜 주세요.'

인부들이 새벽부터 비석을 세우는 모습을 지켜보며 간절히 기도하던 그 순간, 병원에서 걸려온 전화가 우리를 멈춰 세웠다. 뇌동맥류 파열로 중환자실에 계시던 어머니의 상태가 급격히 나빠졌다는 소식이었다. 작은아버지는 "비석은 내가 마저 세울 테니 걱정 말고 얼른 병원으로 가거라" 하셨고, 우리는 세우지 못한 비석을 그대로 두고 병원으로 내달렸다.

중환자실 가족 대기실에서 우리는 30시간을 버텼다. 딱딱한 의자는 어느새 침대가 되었고, 편의점에서 사 온 삼각김밥이 끼니를 대신했다. 한 달 전 아버지의 임종을 지키지 못했던 죄책감이 우리를 그곳에 붙들었다. 당시 병원에서는 세 번의 전화를 걸어왔었다. 첫 번째와 두 번째 모두 임종이 가까워졌다는 소식이었고, 한밤중에 병원으로 달려갔을 때 아버지는 가까스로 숨을 이어가고 있었다. 하지만 마지막 세 번째 전화는 이미 돌아가셨다는 통보였다. 그래서였을까. 이번만큼은 어머니의 마지막 순간을 절대 놓치지 않겠다는 결심으로, 우리는 교대로 피곤과 졸음을 쫓아가며 중환자실 문 앞을 지켰다.

의사인 나는 이미 어머니의 상태를 알고 있었다. 양측 뇌경색에 뇌압이 상승한 치명적인 상황이었다. 다른 형제들은 기적을 바라고 있었지만, 의학적 지식이 있는 나는 기적조차도 바랄 수 없는 상태라는 것을 알았기에 더 큰 고통을 느꼈다. 의사로서의 차가운 진단과 자식으로서의 마음 사이, 그 좁디 좁은 틈에서 숨을 쉬는 것조차 버거웠다.

눈치 빠른 언니는 진실을 요구했다.

"교수님 설명이 영 꺼림직한데. 솔직히 말해 봐. 엄마, 휠체어라도 탈 수 있는 거야?"

결국 언니와 나는 서로를 끌어안고 한참을 울었다. 하지만 막내 남동생에게는 진실을 조금 더 미루기로 했다. 남동생의 순수한 믿음이 만들어 줄 기적을, 비록 불가능하다는 것을 알면서도 우리는 잠시나마 믿고 싶었다. 창밖으로 새벽이 밝아오자 시간이 얼마 남지 않았다는 것을 느낄 수 있었다. 딸로서 어머니의 마지막 순간을 준비해야 했다.

두 달 전, 아버지의 세 번째 항암제 치료약마저 실패했다는 소식을 듣고 집으로 돌아와 한참을 통곡했다. 의사로서 알고 있는 현실이 딸로서 바라는 희망을 산산조각 낸 순간이었다. 아버지는 첫 번째 항암제로 스무 번 넘게, 두 번째 항암제로 열 번이 넘는 치료를 견디셨다. 위암 4기 환자의 생존율이라는 차가운 통계를 너무도 잘 알고 있었지만, 그럼에도 불구하고 아버지만큼은 그 희망의 확률 안에 들 수 있지 않을까, 의학의 경계를 뛰어넘는 기적이 일어나지 않을까 하는 실낱같은 희망을 품었다. 하지만 그날, 그 작은 기대마저 깨져버렸고 아버지의 마지막을 받아들여야만 했다.

코로나 팬데믹 속 요양병원의 면회 금지는 또 다른 형태의 이별을 강요했다. 우리는 차가운 겨울바람이 불어오는 병원 옥상에서, 전화기 화면 너머로 서로의 얼굴을 확인했다. 아버지는 "춥다, 빨리 돌아가라"라고 재촉했지만, 우리는 쉽게 발길을 돌릴 수 없었다. 무뚝뚝한 내가 처음으로 용기를 내 쑥스러운 손짓으로 두 손을 정수리 위로 올려 큰 하트를 그리며 외쳤다. "아빠, 사랑해요." 그러자 아버지는 서툴고 어색한 몸짓으로 손하트를 그리시며 "나도 사랑한다"라고 답했다. 그 순간이 아버지와 나눈 마지막 대화가 될 줄은 미처 몰랐다.

아버지는 암 투병 중에도 끝까지 어머니를 살폈다. 2006년 첫 번째 뇌출혈 이후 오른쪽 팔다리가 불편해진 어머니를, 아버지는 한결같이 왕비처럼 대했다. 입맛이 까다로워 음식을 가리는 어머니를 위해 여기저기 식당을 찾아다녔고, 홈쇼핑에서 어머니가 탐내는 물건은 망설임 없이 주문했다. 엄마가 좋아하는 조개구이와 김장에 쓸 새우젓을 사기 위해 기꺼이 서해안까지 운전대를 잡기도 했다. 뿐만 아니라 꽃을 좋아했던 어머니를 위해 해마다 수선화, 장미, 튤립을 정원에 심었다.

항암 치료로 기운이 없으실 법도 한데, 어머니가 닭 사료가 떨어졌다고 말씀하시면 아버지는 곧장 차를 몰고 시내로 나섰다. 생의 마지막까지 아버지의 걱정은 어머니였다. 의식이 또렷

했던 마지막 면회에서 아버지는 "너희들은 다 잘 살고 있으니 걱정이 없는데, 너희 엄마 생각하면 눈을 못 감겠다. 너희들이 엄마를 잘 챙겨야 한다"라고 말했다. 그것이 아버지의 마지막 유언이었다.

아버지의 장례가 끝난 후 어머니에게 장난스럽게 물었다. "아버지가 평소에 구박하거나 그러지 않았어?" 어머니는 고개를 저으며 단 한 번도 그런 적 없다고 말했다. "내가 먹고 싶은 거, 가지고 싶은 거 전부 사 줬다"며 붉어진 눈시울을 닦았다. 어머니에게 아버지는 남편이자 가장, 그리고 보호자이자 부족한 자신을 품어주고 굽어 살펴주는 하늘과 같은 존재였다.

그러던 어느 날 새벽 6시, 어머니의 뇌압이 갑자기 상승해 개두술을 해야 할지 말지를 묻는 주치의의 전화가 걸려왔다. 의과대학 후배이기도 한 주치의는 담담하게 상황을 설명했다. "인명은 재천이고, 이제 사람이 할 수 있는 일은 다 했습니다. 기다리는 수밖에 없어요. 그렇지만 뇌경색이 이미 진행 중이라 긍정적인 상황은 아니에요. 개두술을 한 후의 예후와 하지 않은 후의 예후, 지금부터는 어느 쪽도 장담할 수 없습니다."

객관적인 설명 앞에서 나는 더 이상의 의학적 개입이 무의미하다는 사실을 직감했다. 혹시나 하는 마음으로 수술을 해보고 싶다는 언니와 남동생을 설득하는 일은 내게 무거운 짐이었다.

모든 죄책감을 혼자 짊어지기로 결심하며, 훗날 가족의 원망까지 각오하며 개두술을 하지 않는 쪽으로 가족들을 설득했다.

"엄마가 수술 후 많이 힘들 수 있어. 수술 과정에서 돌아가실 수도 있고…. 이제는 하늘의 뜻에 맡기는 게 좋을 것 같아." 여전히 망설이던 언니와 동생은 "머리를 열고 수술을 하게 되면 곱고 예쁜 모습으로 돌아가시지 못할 수도 있어"라는 말에 결국 고개를 끄덕였다.

상실이 알려준
삶의 의미들

뇌사 판정을 받은 후 어머니는 정확히 일주일을 더 사셨다. 그 일주일은 내 인생에서 가장 길고도 짧은 시간이었다. 세상 모든 일에 흥미를 잃었고, 모든 의욕이 사라졌다. 잠들기 전이면 어머니에게 짜증 냈던 순간들이 하나둘 떠올라 괴로웠고, 15년 전 뇌동맥류 발견 당시 정기 검진을 철저히 챙기지 못했던 시간이 떠올라 끝없이 자책했다.

그 시간 동안 우리 형제들은 각자의 방식으로 현실을 받아들였다. 남동생은 어머니가 키우던 닭장을 새롭게 단장했다. 굵은 나뭇가지로 계단식 사다리를 만들어 닭들이 자유롭게 놀 수 있도록 해주었고, 자동 사료 급식 장치와 물 공급 장치도 설치했다. 천장에는 환풍기를 달고, 자그마한 개집에 보드라운 담요를 깔아 닭들이 알을 낳을 둥지도 마련했다.

"누나, 우리 닭장이 이제 완전 5성급 호텔이야. 새벽부터 닭들이 얼마나 시끄럽게 우는지 봐."

동생이 보내온 영상 속에는 새벽 4시 30분, 우렁차게 울어대는 닭들의 모습이 담겨 있었다. 민간에서는 닭이 크게 울면 의식 없는 환자가 깨어난다고들 한다. 동생은 그 말을 굳게 믿고 있었다.

나는 매일 새벽 한두 시면 잠에서 깨어났다. 병원 간호사에게는 초진 환자 예약을 당분간 받지 말라고 해두었다. 혹여나 실수를 할까 싶어 약 처방을 세 번씩 확인했고, 음식이 마치 고무처럼 느껴졌지만 에너지 보충이 필요해 기계적으로 밥을 씹어 삼켰다.

아들이 무슨 말을 하는지도 귀에 들어오지 않았고, 늘 함께했던 남편과의 저녁 산책도 귀찮기만 했다. '내가 가장 사랑하는 우리 엄마가 지금 죽어가고 있어서 나는 무지 슬프고 괴로운데… 30년 뒤 내가 죽을 때 우리 아들도 지금의 나만큼 힘들어할까? 우리 엄마가 하늘나라로 가면 나는 어떻게 살아가야 하지?' 이런 생각들이 꼬리에 꼬리를 물며 머릿속을 떠나지 않았다.

어린 시절 버릇처럼 손톱을 물어뜯기 시작해 손끝은 엉망이 되었고, 밤마다 가슴이 답답해 찬물에 얼음을 띄워 벌컥벌컥 들이키곤 했다. 의사로서 이미 알고 있는 결말을 향해, 우리는 천천히 그러나 고통스럽게 걸어가고 있었다. 그러다 마침내 어머니는 아버지가 별세한 지 34일째 되던 날인 2022년 3월 19일, 영원히 우리를 떠나 아버지의 곁으로 가셨다.

죽음 앞에서
다르게 보이는 것들

이제는 누군가의 부고 소식이 다르게 들린다. 예전에는 그저 번거로운 경조사 중 하나로 여겼던 그 소식들이, 이제는 내 가슴 깊은 곳을 건드린다. 옆 동네 슈퍼마켓 할머니의 죽음 소식에 발걸음이 무거워지고, 오래된 친구 어머님의 부고에는 마음이 저릿해진다. 그들 모두가 누군가의 어머니였고, 아버지였으며, 자식이자 형제였다는 사실이 이제야 뚜렷하게 와닿는다. 한 사람의 죽음 뒤에 남은 이들의 슬픔과 공허함이 선명하게 떠올라 마음이 무겁다.

한 달 사이에 부모님 두 분을 모두 떠나보내며 나는 죽음이라는 렌즈를 통해 삶을 바라보게 되었다. 그동안 중요하다고 믿어왔던 많은 것들, 전문의로서의 자부심, 사회적 지위, 실패에 대한 두려움과 같은 것들이 죽음 앞에서 순식간에 의미를 잃었다. 대신 진정으로 소중한 것들이 선명하게 보이기 시작했다. 가족과 함께하는 시간들, 서로를 향한 이해와 사랑, 일상의 작은 행복들…. 이런 것들이야말로 삶의 진정한 의미라는 것을 깨달았다.

우리는 자신을 포함해 가까운 사람의 생이 끝없이 이어진다는 착각에 빠진다. 하지만 언젠가는 모두 죽는다. 그것을 깨달았을 때 비로소 삶을 제대로 볼 수 있다. 생의 끝인 죽음을 생각하면 나라는 존재, 불안과 불행감, 타인과의 거리 모두 심리적 수용에 다다를 수 있을 것이다.

죽음을 받아들이는 방법

어머니의 장례식은 나에게 치유의 시간이었다. 우리 형제는 한국의 전통적인 유교식 장례를 치르며 수없이 많은 절을 올렸다. 절을 할 때마다 다른 의미를 담았다. 어떤 절은 나의 무심함에 대한 자책을 조금 덜어냈고, 어떤 절은 엄마가 오랜 시간 고통스럽게 아파하지 않고 가신 것을 다행이라 여기는 자기 위로를 담았다. 또 어떤 절은 엄마에게 "보고 싶다"는 말을 전하는 것이었고, 또 다른 절은 우리 엄마로 살아주어서 고맙다는 감사를 담았다. 아빠가 한 달 먼저 가 계시니 엄마는 외롭지 않을 거라 믿었고, 우리 삼 남매는 우애 좋게 잘 살 테니 걱정 말라는 약속도 함께 담아냈다.

장례를 치르면 정작 상주들은 슬퍼할 여유가 없다. 제사, 입관, 발인, 하관식까지 이어지는 의식과 사이사이 조문객을 맞이하다 보면 정신없이 시간이 흘러간다. 유족들을 덮치는 진정한 비통함과 공허함은 그 이후의 시간에 찾아온다.

부모님의 흔적을 정리하는 과정도 또 다른 형태의 애도가 되었다. 우리는 삼 남매가 직접 부모님 집 안 구석구석을 정리했다. 옷장을 비우고 창고를 정리하며, 주방 살림을 나누는 일은 마치 의식을 치르는 것 같았다. 서랍에서 발견한 아버지의 젊은 시절 사진과 어머니가 소중히 간직했던 우리의 어린 시절 상장들…. 그것들을 마주할 때마다 우리는 또다시 울음을 삼켰다.

부모를 한 달 간격으로 잃은 우리 형제들에게 "자식들 고생하지 말라고 나란히 가신 것"이라며 주변에서 건넨 위로는 별 도움이 되지 않았다. 대신 우리는 움직임 속에서 슬픔을 달랬다. 정원에는 잔디 씨를 뿌렸고, 언니는 잡초를 뽑고 수시로 마당에 물을 주었다. 어머니가 좋아하던 장미 묘목과 블루베리 묘목도 사다 심었다. 남동생은 주말마다 정원을 뒤엎으며 돌을 골라내고 야외 테이블을 다시 배치했다. 그늘을 만들어 줄 파라솔과 고기를 구울 수 있는 난로도 새로 설치했다.

이제는 아무도 살지 않을 친정집 욕실을 특수 세제로 박박 닦아 줄눈까지 하얗게 만들었고, 자식들이 가끔 와서 쓸 수 있도록 침구도 새로 장만했다. "집을 팔지 않겠느냐"는 주위 부동

산 중개소의 질문에 우리 삼 남매는 단호히 고개를 저었다. 집을 가꾸고 정리하는 일은 마치 의식처럼 우리의 마음을 달래주었다. 평생 해보지 않았던 육체노동은 잠시나마 슬픈 생각을 잊게 해주었고, 깨끗해진 집에 부모님의 영혼이 여전히 머물고 계실 것 같다는 생각이 우리에게 작은 위로가 되었다.

어미 잃은 강아지 새끼들처럼 서로의 상처를 핥아주며, 우리 형제들은 그렇게 온기를 나누었다. 우리만의 울타리 안에서 서로를 지켜주었고 각자의 방식으로 슬픔을 치유해 나갔다. 때로는 말없이 서로를 바라보는 것만으로도 충분했다. 그렇게 우리는 조금씩, 아주 조금씩 일상으로 돌아가고 있었다.

부모님의 죽음은 내게 새로운 눈을 열어주었다. '가슴이 아리다'라는 말의 의미를 온몸으로 이해하게 되었고 텅 빈 가슴속 공허함이 무엇인지도 처음 알았다. "나는 무엇을 위해 살아야 할까?", "어떻게 살아야 할까?" 같은 실존적 물음 앞에 수없이 흔들렸다.

은행과 관공서를 다니며 부모님의 삶을 새롭게 발견했다. 좋은 분들이어서 일찍 데려가셨다는 직원들의 애도에서 위로를 받았고, 동네 어르신들에게 아버지가 이장으로 계시던 동안 얼마나 많은 이웃을 도왔는지에 대해 들었다. 어머니의 오랜 친구는 할머니 밑에서 고생하셨던 어머니의 이야기를 들려주었고, 위로 딸만 둘을 낳았다고 구박받으면서도 살아생전 자식들에게 단 한 번도 내색하지 않았던 어머니의 성숙함을 전해 주었다.

　친정집 정원에는 어머니가 좋아하던 장미가 피어나고, 아버지가 심어놓은 수선화도 봄을 맞아 꽃을 피웠다. 우리는 아버지와 어머니가 같이 담근 마지막 김장 김치는 오래오래 김치냉장고에 남겨뒀다. 가끔 그 김치를 꺼내어 한입 맛볼 때마다 부모님의 손길과 그 시절이 떠올라 아낀 것이다. 시간이 아무리 흘러도 변하지 않는 그 맛처럼, 부모님의 사랑도 우리 안에 그렇게 남아 있을 것이다.

고통 속에서 발견한
삶의 궁극적인 의미

　죽음은 우리에게서 소중한 것을 앗아가지만, 동시에 우리에게 더 충만한 삶을 살아갈 수 있는 지혜를 선물한다. 그것은 무엇이 진정으로 중요한지를 가르쳐 주는 스승이자, 우리를 더 깊은 이해와 사랑으로 이끄는 안내자이기도 하다. 이제 나는 매일 아침 스스로에게 묻는다. 오늘 하루를 어떻게 살아야 부모님이 물려주신 이 소중한 삶을 더 잘 살 수 있을까, 하고.

　죽음을 받아들이고 치유의 시간을 거치며 주어진 시간을 더 의미 있게 살아가는 방법에 대해 생각하게 되었다. 친정집 정원에 피어난 장미와 수선화를 바라보며, 어머니의 마지막 김치를 먹으며, 두 분이 남기신 사랑과 기억들을 되새겼다. 끝이 있기에 삶은 더 소중해지고, 이별이 있기에 사랑은 더 깊어지는 것인지도 모른다. 부모님과의 이별은 끝이 아니라 새로운 시작이었다. 두 분이 내게 알려준 사랑의 방식대로 이제는 내가 그 사랑을 이어가려 한다.

　어쩌면 우리가 겪는 모든 이별은 또 다른 형태의 시작일지도 모른다. 상실이 우리에게 가르쳐 주는 것들이 있고, 죽음이 일깨워 주는 삶의 진실이 있다. 나에게는 사랑하는 부모님의 죽음이 더욱 성숙한 삶을 살 수 있도록 만들어 준 선물이었다.

시한부 진단이 가르쳐 준 삶의 의미

2월 말, 차가운 바람이 창을 때리는 날이었다. 진료실로 들어온 53세 김민석 씨의 얼굴에는 깊은 주름이 패여 있었다.

"갑자기 몸이 안 좋아져서 검진을 받았더니… 위암 3기래요."

그는 손에 든 진단서를 내밀었다. 목소리가 떨리고 있었다. 20년 동안 중소기업을 운영하며 앞만 보고 달려왔지만 이제 모든 것이 무의미하게 느껴진다고 했다.

"원장님, 지금까지 무엇을 위해 살아온 건지 모르겠습니다. 공장에만 파묻혀 살았어요. 이제 와서 보니 곁에 아무도 없습니다. 아내와는 10년 전에 이혼했고 아이들은 아내와 살고 있습니다. 제겐 병간호를 해줄 사람조차 없습니다."

에크하르트 톨레Eckhart Tolle는 오늘날 가장 영향력 있는 영적 스승이자 작가다. 스물아홉 살 무렵, 깊은 우울과 불안 속에서 실존적 위기를 겪던 그는 어느 날 밤 생각했다. "내 자신과 더 이상 살 수 없다." 그리고 그 절망 속에서 역설적으로 깊은 깨달음을 얻었다. 그는 자신을 괴롭히는 '나'와 그 고통을 바라보는 '의식'이 분리되어 있다는 사실을 깨달은 것이다. 이후 그는 '알아차림'의 중요성을 전 세계에 가르치기 시작했다.

톨레는 우리의 삶이 두 가지 차원의 시간 속에서 이루어진다고 말한다. 하나는 '물리적 시간'이다. 이는 회사에서 업무를 처리하고, 여행을 계획하며, 실질적인 목표를 이루기 위해 쓰이는 시간이다. 또 하나는 '심리적 시간'으로, 우리를 끊임없이 미래로 내몰고 현재의 충만함을 잃게 만드는 시간이다.

민석 씨의 말을 통해 나는 그가 왜 정작 중요한 것들을 잃었는지 알게 되었다.

"아침에 눈을 뜨면 공장 가동률부터 걱정했습니다. 일하는 동안에는 다음 달 거래처 미팅을 생각했고요. 집에 돌아와서도 다음 날 업무를 고민하느라 아이들과 대화한 적이 없었어요."

그는 끊임없이 '다음'을 생각하며 심리적 시간에 사로잡혀 있었다. 그의 시선은 언제나 아직 오지 않은 미래를 향했다. 아이들 문제에도 예외는 없었다. 민석 씨는 초등학생이던 아들이 야구를 시작했을 때, 아이의 재능을 기뻐하기보다 어떻게 하면 명문 야구 고등학교에 보낼 수 있을지 고민했고, 딸이 대학에 진학했을 때는 취업을 위한 스펙을 어떻게 쌓아야 하는지 걱정했다.

"애들 좋은 대학 보내고, 안정된 직장 잡게 하면 행복할 줄 알았어요. 그런데 어느새 아이들은 자기들만의 세계에 살고 있더군요. 초등학교 때부터 야구를 해온 아들은 이제 고등학교 야구부에서 활약하며 야구 명문 대학과 프로팀 스카우트의 눈길을 끌고 있지만, 저는 아들의 경기를 한 번도 본 적이 없습니다."

삶의 완전함을 '지금 여기'에서 찾기보다는 '저기 어딘가'에서 찾으려 하는 이 고질적인 습관이 그를 끝없는 불안과 공허 속으로 몰아넣었다. 그는 '사업이 안정되면', '아이들이 자리 잡으면' 모든 것이 완전해질 거라고 믿었다. 하지만 그것은 결코 도달할 수 없는 환상이었고 결국 가족을 놓치고 자신을 홀로 방치하게 만들었다.

지금 이 순간에 담긴
깊은 평화

빅터 프랭클은 나치 수용소에서의 경험을 통해 시간이 또 다른 방식으로 왜곡될 수 있음을 발견했다. 그의 저서 『죽음의 수용소에서』에서 그는 극한의 고통 속에서 시간이 끝없이 늘어지는 듯한 경험을 묘사한다. 단조로운 일상과 끝없는 고통 속에서, 수감자들에게 시간은 멈춰 있는 것처럼 느껴졌다. "삶은 궁극적으로 자신의 문제에 대한 올바른 답을 찾는 것을 의미하며 아울러 개인에게 끊임없이 주어지는 과제들을 완수할 책임을 지는 것을 의미한다." 그의 깨달음은 수용소라는 극한 상황 속에서 탄생한 것이다.

우리의 삶은 '외적 목표'와 '내적 목표'라는 두 가지 목표가 교차하는 지점에 있다. 외적 목표는 언제나 '아직 오지 않은 미래'를 향한다. 더 큰 성공, 더 나은 지위, 더 풍요로운 삶을 약속하지만, 그것은 본질적으로 상대적이고 일시적이다. 외적 목표만을 좇는 삶은 불안과 염려를 끊임없이 낳는다.

사업 확장을 앞둔 민석 씨를 떠올려 보자. 목표로 했던 매출을 달성한 순간에도 만족은 잠시뿐이었고, 더 큰 시장이 눈앞에 아른거렸다. 경쟁사들의 움직임이 신경 쓰이고 자신의 위치가 불안정하게 느껴졌을 것이다. 화려한 명함과 늘어난 직원 수가 잠시 위안을 줄지 몰라도, 그의 마음은 결코 현재에 머무르지 못했다.

반면, 내적 목표는 '지금 이 순간'에 뿌리를 두고 있다. 내적 목표는 시간을 부정해야만 실현된다. 여기서 '시간의 부정'이란 심리적 시간의 굴레에서 벗어나 현재를 온전히 받아들이는 것을 의미한다.

민석 씨는 항암 치료를 시작하기 전 처음으로 아들의 야구 경기를 보러 갔다고 말했다.

"아이가 타석에 들어서는 모습을 처음 제대로 봤습니다. 떨리는 듯하면서도 힘이 생기더군요. 경기 내내 아이가 실수하면 어쩌나 조마조마했습니다. 전에는 성적표만 확인했지 실제로 아이가 필드에서 어떤 모습인지 본 적이 없었거든요. 그런데 경기 중간 아들이 홈런을 치고 베이스를 돌면서 보여준 표정에서 야구를 진심으로 즐기고 있다는 걸 느꼈어요. 요즘 들어 생각해 보게 되더라고요. 아내가 왜 떠났는지. 그때는 바빠서라는 말이 만능 변명이었지만, 사실은 제가 없었던 거죠. 몸이 집에 있어도 마음은 항상 다른 곳에 있었다는 걸 아내는 견디지 못했던 것 같아요."

민석 씨는 항암 치료와 심리 치료를 병행하며 일상의 작은 것들에 집중하기 시작했다. 반복되는 단순한 행위 속에서 그는 오히려 깊은 평화를 발견했다.

"치료를 받으러 병원에 가는 길에 보니, 길가에 작은 꽃이 피어 있더군요. 20년 넘게 다닌 길인데 처음 본 것 같습니다."

그의 말에는 새로운 발견의 놀라움과 함께, 그동안 놓쳐온 시간에 대한 안타까움이 묻어 있었다.

현대인들은 마치 시간이 무한히 주어진 것처럼 살아간다. SNS에는 끝없는 성장을 약속하는 메시지들이 넘쳐나고, 수명 연장과 안티에이징이라는 속삭임이 우리를 유혹한다. 완벽한 순간을 늘 미래에서 찾으려 했던 민석 씨는 이제야 그 이면의 진실을 깨달았다.

영화 〈버킷 리스트〉는 죽음을 앞둔 두 주인공의 여정을 통해 삶의 본질에 대한 깊은 통찰을 보여준다. 카터와 에드워드는 처음 병실에서 만났을 때 서로를 이해하지 못했다. 입원 규정이 까다로운 병원 체인 소유주 에드워드와 겸손하고 인내심 있는 카터는 성격도, 사회적 배경도 전혀 달랐다. 그러나 암 진단 후, 살날이 얼마 남지 않았다는 공통의 운명 앞에서 그들은 점차 가까워졌다. 카터가 작성한 버킷 리스트를 에드워드가 우연히 발견하면서 그들의 모험이 시작된다.

영화에서 가장 인상적인 장면 중 하나는 에드워드가 치료를 거부하고 버킷 리스트의 항목을 실천하려는 순간이다. '울 때까지 웃기'와 '선을 위해 낯선 사람 돕기'를 완수하기 위해 카터를 설득한다. "우리 둘 다 죽어가고 있어, 카터. 난 항암 치료를 그만둘 거야. 이곳을 떠날 거라고." 그의 말은 시간의 유한함과 현재의 중요성을 날카롭게 일깨운다.

처음에는 카터의 소박한 버킷 리스트였지만, 에드워드는 자신의 재력을 동원해 이를 확장한다. 그는 "너는 꿈꾸는 법을 잘 모르는군"이라며 카터를 자극한다. 두 사람은 함께 스카이다이빙, 자동차 레이싱, 타지마할 방문, 아프리카 사파리 등 화려한 모험을 계획한다. 이것은 에드워드의 방식대로 인생의 마지막을 즐기는 법이었다.

그러나 여행을 함께하면서 두 사람은 점차 다른 깨달음을 얻게 된다. 화려한 경험 속에서도 카터는 가족에 대한 그리움을 느끼고, 에드워드는 자신의 공허한 인간관계를 돌아본다. 결국 여정의 끝에서 그들이 발견한 것은 단순했다. 카터는 가족과의 관계를 소중히 여기게 되었고, 에드워드는 카터의 조언에 따라 소원해진 딸과 화해하며 진정한 기쁨을 경험한다. 화려한 버킷 리스트 여행의 결말은 결국, 가장 소중한 관계로 돌아가는 길이었다.

카터가 세상을 떠난 후, 에드워드는 친구의 유언에 따라 그의 유해를 히말라야 산맥에 뿌렸다. 그리고 돌아오며 카터의 마지막 메시지를 깨달았다. 카터는 고대 이집트인들의 믿음을 언급하며 천국에서 받는 두 가지 질문을 남겼다.

"삶에서 기쁨을 찾았는가?", "당신의 삶이 다른 이들에게 기쁨을 가져다주었는가?" 그리고 덧붙였다. "어쩌면 그것이 천국으로 가는 비밀일지도 모른다. 행복이 아니라, 기쁨이 찾아올 때 온전히 느끼는 것."

나는 영화를 떠올리며 민석 씨에게도 버킷 리스트를 작성하고 가족들과의 시간을 늘리라고 권했다.

현재를 충만하게 만드는
진정한 버킷 리스트

4월 초, 따뜻한 봄 햇살이 창문으로 스며드는 날 민석 씨가 다시 상담실 문을 열었다. 그는 3월 중순에 수술을 받고, 본격적인 항암 치료를 앞두고 아이들과 제주도 여행을 다녀왔다고 말했다.

"지난주에 아이들과 제주도에 다녀왔습니다. 처음엔 어색했지만 둘째 날부터는 정말 좋았어요. 아들이 제 어깨에 기대어 잠든 모습을 본 게 몇 년 만인지 모르겠습니다. 그동안 제가 얼마나 아이들을 모르고 살았는지 깨달았어요. 이렇게 대화가 가능했다면, 어쩌면 아내와의 이혼도 피할 수 있었을지도 모르겠습니다."

그가 꺼낸 사진 속에는 수술 후 다소 초췌해 보이지만 미소 짓는 아버지와 딸, 그리고 아들이 유채꽃을 배경으로 웃고 있었다. 그의 눈에는 지난 시간에 대한 회한과 가족에 대한 미안함이 어려 있었다. 민석 씨의 버킷 리스트에는 에드워드처럼 스카이다이빙이나 세계 여행 같은 화려한 모험은 없었다. 대신, 그동안 미뤄왔던 사소한 일상의 순간들이 빼곡히 채워져 있었다. "아들 야구 경기 직접 보기, 딸과 영화 관람하기, 가족사진 찍기, 아이들과 추억 이야기하기." 그의 버킷 리스트는 전부 아이들과 함께하는 것이었다.

삶이 유한하다는 것을 받아들이는 순간, 역설적으로 우리는 더 충만한 현재를 발견할 수 있다. 민석 씨는 암 진단이라는 위기를 통해 자신의 삶에서 진정으로 소중한 것이 무엇인지 재발견하고 있었다.

프랭클은 『죽음의 수용소에서』에서 이렇게 썼다. "삶의 궁극적인 의미는 고통 속에서도 발견될 수 있다." 민석 씨도 자신의 방식으로 이 깨달음을 경험하고 있었다.

영화 〈버킷 리스트〉에서, 45년간 자동차 정비공으로 일한 카터는 젊은 시절 역사학자가 되고 싶었지만, 아내와 자녀들을 위해 그 꿈을 접었다. 그는 평생 가족을 위해 희생했고, 그 과정에서 자신의 꿈은 사라졌다. 반면, 병원 체인을 소유한 에드워드는 사업적으로는 큰 성공을 거두었지만, 네 번의 결혼과 이혼을 겪었다. 그 과정에서 소원해진 딸과의 관계 속에서 그는 정서적으로 고립된 삶을 살았다. 두 사람은 서로 다른 인생을 살았지만, 결국은 비슷한 무언가를 놓친 채 살아온 것이다.

우리는 누구나 언제든 민석 씨나 영화 속 주인공들처럼 삶의 유한함을 마주할 수 있다. 그 순간이 오기 전에, 우리는 각자의 자리에서 자신만의 버킷 리스트를 떠올려 볼 수 있다. 그것이 반드시 화려한 모험일 필요는 없다. 아이의 손을 잡고 산책하기, 오랜 친구와 커피 한 잔 나누기, 책 한 권 끝까지 읽기. 이런 작은 일상의 행복들이야말로 우리 삶을 더 충만하게 만드는 진정한 버킷 리스트일지도 모른다. 톨레가 말한 '영원한 지금'은 바로 이런 순간들 속에 살아 숨 쉬고 있다.

소유에서 존재로의 춤

"어허어허 절시구나

북망산천 멀다 해도 한 번 가면 올 길 없네

어허어허 절시구나

인생은 춘몽인데 아니 놀고 무엇하나

어허어허 절시구나."

장례식장 곳곳에 진도씻김굿을 하는 무당의 구성진 목소리가 울렸다. 북소리와 방울소리가 영혼을 부르는 듯 공간을 채우고, 짙은 향 냄새가 퍼졌다. 태영의 귓가에도 소리가 닿았지만, 그의 마음은 서울의 사무실을 향해 있었다.

58세, 대기업 전무. 그는 어머니의 영정 앞에 홀로 앉아 있었다. 텅 빈 형제들의 자리가 오래된 상처를 여실히 드러냈다. 3년 전, 아버지 장례식에서 불거진 상속 다툼이 여전히 가족을 갈라놓고 있었기 때문이다.

무당은 화려한 옷에 흰 부채와 방울을 손에 쥔 채 빙글빙글 돌며 춤을 췄다. 그 움직임은 마치 이승을 떠도는 영혼들의 여정을 몸짓으로 표현하는 듯 보였다.

"이보쇼, 상주 양반. 다시래기가 뭔 줄 아쇼? 그건 '다시 올래'란 뜻이오. 고인이 이승에 미련 두고 못 가실까 봐, 술하고 밥 실컷 먹고 신나게 놀다 보내드리는 거요. 알았소?"

곁에 앉아 있던 낯선 어르신이 진도 사투리로 말을 건네며 설명했다. 다시래기는 진도 지역에서 수백 년간 이어져 온 전통 장례 의식으로, 죽음을 슬픔으로만 대하지 않고 해학과 위로를 함께하는 독특한 문화다.

장내에는 마을 사람들이 삼삼오오 모여 술잔을 나누고, 웃음과 떠드는 소리가 오갔다. 마치 상갓집이 아닌 한바탕 잔치라도 열린 듯한 풍경이었지만 태영의 마음속에는 무거운 침묵만이 가득했다.

생이 무한하다고
착각하는 사람들

현대 사회에서 죽음은 점점 더 우리 일상에서 멀어지고 있다. 과거에는 사람들이 집에서 가족들이 지켜보는 가운데 죽음을 맞이했지만, 이제는 대부분 병원이나 요양시설에서 생을 마감한다. 프랑스 역사학자 필리프 아리에스Philippe Ariès는 이러한 변화를 '길들여진 죽음'에서 '금지된 죽음'으로의 전환이라고 분석했다. 죽음은 더 이상 자연스러운 삶의 일부가 아니다. 의료적 실패나 회피해야 할 대상으로 여겨진다. 이런 태도는 역설적으로 죽음에 대한 두려움을 키운다.

진도의 전통 장례 문화는 이와 정반대다. 슬픔보다 해학과 활기로 가득 차 있으며, 광대들이 등장해 노래와 춤으로 마당극 같은 놀이를 펼치기도 한다. 태영 어머니의 장례식장에서도 이제 광대가 등장해 출산의 고통과 아기 탄생의 기쁨을 과장되게 연기하기 시작했다. 배를 부여잡고 신음하다가 마침내 아기를 낳는 순간의 희열을 표현하는 광경에 마을 사람들은 웃음을 터뜨린다. 죽음이 있는 장례식장에서 생명의 탄생을 상징적으로 보여주는 이 같은 의식이 이질적으로 느껴질 수 있지만, 그 안에는 깊은 의미가 담겨 있다. 망자의 극락왕생을 기원하는 차원을 넘어, 다시래기는 삶과 죽음 사이에서 유족들의 슬픔을 새로운 생명력과 활기로 승화하려는 깊은 뜻을 담고 있다.

프랑스 철학자 조르주 바타유Georges Bataille는 그의 저서 『에로티즘L'Érotisme』에서 이런 현상에 대한 통찰을 제공한다. 바타유에 따르면, 죽음과 출생은 모두 일상의 경계를 넘어서는 순간이다. 사람들은 일상에서 각자 분리된 개체로 살아가지만, 성적 결합이나 죽음의 순간에는 그 경계가 허물어진다. 그는 이를 '존재의 연속성'이라 불렀다. 다시래기 의식에서 죽음과 출산이 공존하는 것은 단순한 우연이 아니다. 그것은 삶과 죽음이 별개가 아닌 하나의 연속된 흐름이라는 지혜를 담고 있다.

태영은 이 장면을 미심쩍은 눈으로 바라봤다. 자신이 속한 세계와는 너무도 다른 이 의식이 불편하기만 했다. 그는 대기업 전략기획실 전무로서 항상 효율성과 결과를 중시해 왔다. 그의 세계에서 죽음은 처리해야 할 과제, 합리적으로 수행해야 할 절차에 불과했다.

"야, 너네 아버지 진도에서 해운회사 하신다며? 그럼 거기서 제일 부잣집이겠네?"

대학 시절 친구들의 이런 말은 칭찬이 아니라 비아냥처럼 들렸다. 사실 그의 아버지는 그저 작은 해운업을 운영했을 뿐이었지만, 친구들은 마치 태영이 대단한 부자인 양 과장했다. 태영은 진도라는 말이 나올 때마다 얼굴이 붉어지고, 가슴속 어딘가가 조여오는 기분이었다.

어린 시절, 태영은 창문 너머로 바다가 보이는 작은 집에서 자랐다. 어머니는 새벽부터 일어나 미역과 김을 손질했고, 아버지는 바다에 나갔다가 때로는 며칠씩 돌아오지 못했다. 그에게 어머니의 기억은 항상 바닷내 나는 손과 거친 손마디로 남아 있다. 서울에 있는 대학교에 입학한 후 그는 의식적으로 고향과 거리를 두었다. 사투리를 고치기 위해 밤마다 혀를 굴리며 연습했고, 친구들에게 고향 이야기는 가급적 하지 않았다.

대기업에 입사한 이후, 그는 오직 소유라는 목표를 향해 달려왔다. 돈, 지위, 명예… 그 모든 것이 자신의 결핍을 메우기 위한 수단이었다. 지방 출신이라는 열등감을 지우기 위해 더 치열하게 일했고, 승진을 위해서라면 무슨 일이든 마다하지 않았다.

그런 태영은 결혼정보회사를 통해 서울의 성공한 사업가이자 재력가의 딸과 맞선을 보고 결혼했다. 두 사람 사이에 사랑은 없었지만, 그에게는 '좋은 집안'과의 연결이 중요했다. 강남의 아파트를 사고, 독일 수입차를 타고, 아들을 일류대에 보내며 그는 비로소 성공했다고 스스로를 위안했다.

3년 전 아버지가 돌아가셨을 때도 그의 머릿속은 오직 소유로 가득했다. 장남이라는 이유로 아버지의 재산 대부분이 그에게 상속되었고, 그는 조금의 망설임도 없이 그것을 받아들였다. 동생들이 반발했지만, 그는 아버지의 유언장을 내세워 단호히 맞섰다. 결국 형제들과는 사실상 연을 끊었지만, 그는 이를 자신의 몫을 지키기 위한 당연한 선택이라 여겼다.

"형이 정말 그럴 줄은 몰랐어", "형제들보다 돈이 중요하다는 거야?", "형이 아버지 병원에 몇 번이나 찾아왔다고 그래?" 동생들의 원망 섞인 목소리가 머릿속에 맴돌았지만, 태영은 애써 외면했다. 어머니가 위독하다는 소식을 들었을 때조차 그는 중요한 회의가 있다는 핑계를 대며 임종을 지키지 않았다. 한 번도 어머니에게 직접적으로 표현한 적은 없었지만, 그는 어머니가 자신에게 집착하는 것이 부담스러웠다. 매주 전화로 물어오는 안부와 명절마다 챙겨주는 밑반찬이 짐스럽게 느껴질 때도 있었다. 그런 마음 때문이었을까. 어머니의 마지막을 함께하지 못한 것에 대한 죄책감도 크지 않았다.

무당의 굿소리가 다시 한번 장례식장에 울려퍼졌다. 이번에는 더 거칠고 격렬한 리듬으로. 고인의 원한을 풀어내는 소리라고 옆자리에 앉은 노인이 설명했다. 태영은 속으로 혀를 찼다.

'이런 미신적인 행위가 무슨 의미가 있단 말인가.'

현대 사회에서 장례식은 대개 정해진 시간 내에 효율적으로 진행된다. 죽음은 처리해야 할 과제, 정리해야 할 문제로 취급되는 것이다. 아리에스는 이러한 현상을 '죽음의 의료화', '죽음의 전문가 위임'이라고 불렀다.

사람들은 죽음을 삶에서 분리하고, 전문가에게 위임하며, 감정적 표현을 제한한다. 그러나 진도의 다시래기는 이와 정반대다. 죽음을 삶의 자연스러운 일부로 받아들이고, 공동체와 함께 슬픔을 나누며, 오히려 죽음을 통해 삶의 활력을 재확인한다.

"아이고, 순자야… 내 친구야…. 니는 우째 나를 두고 가고. 난 우째 살란가…."

구석에서 터져 나오는 통곡 소리에 태영은 고개를 돌렸다. 50년 넘는 세월을 어머니와 자매처럼 지내온 동네 할머니였다. 할머니의 울음 속에는 진정한 이별의 슬픔이 서려 있었다. 그러나 태영 씨는 그 울음소리조차 불편하기만 했다. 그의 가슴속엔 진실한 슬픔이 자리 잡을 곳이 없다는 것을 깨닫게 되기 때문이다. 그는 속으로 빨리 이 모든 의식이 끝나기만을 바라고 있었다.

"아이고, 상주 양반. 어머님 보내드리는데 술 한 잔도 안 하시고 어찌하십니까. 저승에서도 섭섭해하실 텐데…."

옆자리 노인이 그에게 술잔을 내밀었지만 그는 휴대전화에서 쉼 없이 울리는 메시지에만 집중할 뿐이었다. 슬그머니 자리를 피해 메시지를 확인하는 그의 마음속에는, 어머니의 장례식조차 회사 내 정치 싸움과 임원 승진보다 중요하지 않은 일이 되어버렸다.

어차피 모든 인간은 죽는다는 것을 기억하라

장례식이 끝나고 서울로 돌아가는 길, 차창 밖으로 가을 저녁노을이 산을 붉게 물들이고 있었다. 태영은 그 풍경을 무심히 바라봤다. 그때 회사에서 걸려온 전화가 그의 생각을 끊었다. 회사 내의 정치적 싸움과 관련하여 자신의 입장을 정해야 하는 상황에 놓였다. 잠시 망설인 끝에 그는 결국 부하 직원들을 나 몰라라 하고, 자신의 이익만을 좇는 선택을 했다.

"네, 사장님. 제가 그 일은 책임지고 처리하겠습니다."

전화를 끊은 뒤, 태영의 얼굴에는 복잡한 감정이 스쳐 지나갔다. 잠시 망설임과 결심, 후회와 확신이 엇갈린 표정을 짓더니 이내 무표정한 얼굴로 돌아갔다. 그의 눈빛은 어머니의 장례식에서 잠깐이나마 스친 감정과 다시금 현실로 돌아온 자신 사이의 미묘한 긴장을 드러냈다. 그는 깊은 한숨을 내쉬며 자신의 선택을 되새겼다. 어머니의 장례식에서 보고 들은 모든 것들은 마치 다른 세계의 이야기처럼 그의 머릿속에서 빠르게 지워져 갔다. 그는 스스로 자신의 선택이 옳았다고 되뇌었다.

우리는 끝없이 성공과 소유를 향해 달리지만, 그 달음질의 끝에는 무엇이 있을까? 삶은 유한하다. 우리 모두는 언젠가 죽음을 마주하게 된다. 그때 우리가 쌓아 올린 소유물은 어떤 의미를 가질까? 진정으로 추구해야 할 것은 성공이 아니라 충만함이다. 그것은 우리 내면의 소리에 귀 기울이고, 우리를 둘러싼 관계의 그물 속에서 자신이 어디에 있는지를 깨닫는 데서 온다.

오늘, 당신은 어떤 춤을 추고 싶은가? 경쟁과 비교의 춤사위가 아닌, 재생과 희망의 리듬에 몸을 맡겨보는 것은 어떨까? 다시래기가 죽음 속에서도 새로운 삶의 시작을 노래하듯, 우리 역시 매 순간 삶의 새로운 의미를 찾을 수 있다.

은행나무와
콜로라도 고속도로

친정집 담장을 넘어서 하늘로 곧게 솟은 은행나무, 그날은 초여름의 햇살이 연둣빛 나뭇잎 사이를 비집고 부서지듯 내리쬐고 있었다. 둘레 1.5미터, 높이 20미터에 달하는 이 나무는 멀리서도 한눈에 들어오는 마을의 상징이자 터줏대감이었다. 새로 이사 온 이웃들에게는 주차장 입구를 가로막는 커다란 골칫덩이로 보였겠지만, 마을 사람들에게는 80년 넘는 세월을 함께해 온 오래된 이웃 같은 존재였다.

저녁 무렵 마을 사람들이 버스를 타고 귀가할 때, 창밖으로 하늘을 찌를 듯한 은행나무가 보이는 순간이면 집에 거의 다 왔음을 실감하곤 했다. 봄이면 나무는 연둣빛 새싹으로 환하게 빛났고, 가을이면 황금빛으로 물들며 마을의 사계를 알리는 자연의 시계 역할을 했다.

그러던 어느 날 그 은행나무를 벤다는 소식이 들려왔다. 주차장 입구를 막고 있다는 게 결국 문제로 제기된 것이었다. 평화롭던 마을에 잔잔한 파문이 일기 시작했다. 마을에서 나고 자란 사람들에게는 갑작스러운 이별 통보로 다가왔다. 이웃들은 마치 오랜 시간 함께한 친구의 마지막을 배웅하듯 하나둘 나와 은행나무 앞에 모였다.

마을 어르신은 "그냥 자를 순 없지"라며 나무를 위한 작별 의식을 제안했다. 새로 이사 온 이웃은 머쓱해하며 소주 한 병을 들고 나왔고, 어르신의 주관 아래 마을 사람들은 은행나무의 둘레를 돌며 소주를 부었다.

이윽고 작별의 순간이 다가오자, 초빙된 나무 전문가가 나무가 넘어질 방향을 가늠하며 전기 톱을 들었다. 은행나무 둘레를 따라 얕은 홈이 그려졌고, 쓰러질 방향으로 집중적으로 톱질이 이어졌다. 마침내 나무가 점점 기울더니 "쿵" 하는 굉음과 함께 땅에 쓰러졌다. 그 순간 모여 있던 사람들은 누가 시키지도 않았는데, 일제히 "와" 하고 탄성을 터뜨리며 박수를 보냈다.

두세 시간 동안 이어진 은행나무의 마지막 순간을 지켜보며 마을 사람들은 함께 웃고 떠들었다. 작별 의식에서 쓰고 남은 소주와 누군가가 들고 온 총각김치, 자식들이 사다 놓은 강정이 자연스럽게 어우러져 작은 잔치가 벌어졌다. 남의 집 은행나무를 베는 일이 이렇게나 유쾌한 축제가 될 줄 누가 알았을까? 어쩌면 우리는 그저 각자의 반복되는 일상에서 잠시 벗어나 무언가를 함께 지켜보고, 나누고, 즐기고 싶었던 것인지도 모른다.

'우리'라는 존재는 아주 작다

    이제 시간과 공간을 건너 미국 콜로라도의 고속도로에서 만난 또 다른 순간을 떠올려 보고자 한다. 2010년대 초반, 덴버 국제공항에서 렌트카를 빌려 서쪽으로 향했던 날이었다. I-80 고속도로를 따라 로키산맥을 넘고 솔트레이크시티를 지나 샌프란시스코로 이어지는 긴 여정이었다.

    한국의 고속도로와는 완전히 다른 세계가 눈앞에 펼쳐졌다. 지평선까지 이어지는 황무지와 사막을 가로지르는 도로는 마치 자로 그은 듯 곧게 뻗어 있었고, 드문드문 달려가는 차들이 작은 점처럼 느껴질 뿐이었다. 한국의 고속도로에서 늘 신경을 곤두세우게 만드는 차선 변경과 끼어들기의 긴장은 이곳에서 찾아볼 수 없었다.

해가 저물기 시작할 무렵, 서쪽 하늘에서는 경이로운 광경이 펼쳐졌다. 붉게 물든 태양이 끝없이 이어진 지평선을 향해 천천히 내려앉는, 그 장엄한 순간이 눈앞에서 생생히 전개되었다. 룸미러로 흘끗 뒤를 보니 동쪽 하늘은 이미 어둠의 장막에 휩싸여 있었다. 나는 마치 시간과 공간의 경계선 위에 서 있는 듯한 기분이 들었다. 앞으로는 붉게 타오르는 석양이, 뒤로는 점점 깊어가는 밤이 에워싸고 있었다.

끝없이 펼쳐진 황무지와 창공 앞에서 나는 칸트가 말한 '수학적 숭고'를 체험했다. 시선이 닿는 모든 곳이 자연 그 자체였고, 그 광대함은 내 시야로는 결코 가늠할 수 없는 것이었다. 이 한계를 마주할 때마다 내 존재는 한없이 작아지는 듯했지만, 그 거대한 자연을 이해하려는 내 정신만은 끝없이 확장되었다. 마치 밤하늘의 별들처럼 셀 수 없을 만큼 방대한 자연의 크기 앞에서, 의식은 조용히 무한을 향해 나아가고 있었다.

하지만 자연은 크기뿐 아니라, 그 힘으로도 나를 압도했다. 지구의 자전이라는 거대한 움직임 앞에서 나는 임마누엘 칸트 Immanuel Kant가 말한 또 다른 숭고, '역학적 숭고'를 경험했다. 마치 거대한 폭포수나 화산 폭발처럼, 인간의 물리적 힘으로는 결코 맞설 수 없는 자연의 위력 앞에서 나는 전율과 두려움을 느꼈다. 그러나 동시에 이 압도적인 힘의 원리를 이해하고 바라볼 수 있다는 사실이 오히려 나를 자유롭게 만들었다. 자연의 위력 앞에서 육체는 한없이 작아지는 듯했지만, 그것을 인식하고 이해하려는 정신만은 모든 한계를 초월할 수 있음을 깨달았기 때문이다.

이처럼 압도적인 순간을 통해, 나는 인간이라는 존재의 특별한 이중성을 다시금 깨달았다. 우리는 자연 앞에서 한없이 작은 존재지만, 동시에 그 광대함과 위력을 이해하고 경외감을 느낄 수 있는 유일한 생명체다. 콜로라도의 고속도로 위에서 얻은 이 깨달음은, 마치 오래된 은행나무가 마을 사람들에게 선물했던 특별한 순간처럼 깊은 사색의 시간을 안겨주었다.

유한함에서 찾은 현재의 진리

은행나무가 베어지던 날이든, 콜로라도 고속도로에서 석양을 마주하던 순간이든, 시간은 언제나 우리에게 특별한 순간을 선물한다. 마을 사람들은 여든 살 은행나무와의 마지막을 함께하며 작은 축제를 열었고, 나는 끝없는 지평선 위에서 우주의 숭고함을 마주했다. 아마도 일상이란 그런 것인지도 모른다. 매일 반복되는 시간 속에서 문득 찾아오는 특별한 순간들, 그리고 그 순간을 누군가와 함께 나누는 기쁨. 그것이 우리가 살아 있음을 느끼게 해주는 것이 아닐까?

미국의 시인 메리 올리버Mary Oliver는 시 「여름날The Summer Day」에서 조용히 물었다. "말해 보세요, 모든 것이 결국에는, 그것도 너무 일찍 사라지지 않나요? 그렇다면 당신에게 주어진 이 하나의 야생적이고 소중한 삶으로 무엇을 하려 하나요?" 우리는 흔히 지나간 시간을 아쉬워하거나, 아직 오지 않은 날들을 걱정하느라 지금 이 순간을 놓치고 산다. 하지만 삶이란 결국 이 순간들의 집합이다. 여든 살 은행나무가 마지막으로 선물했던 축제의 순간처럼, 끝없는 고속도로 위에서 마주했던 영원한 석양처럼, 우리에게 주어진 모든 순간은 각자의 특별한 의미를 가지고 있다.

우리는 모두 유한한 존재이지만, 그 유한함 속에서도 무한을 경험한다. 마을 사람들과 함께 나눈 웃음소리, 지평선 너머로 저무는 석양, 그리고 그 속에서 느낀 충만한 현재. 은행나무와 콜로라도의 하늘이 보여준 것처럼, 우리의 삶은 이런 순간들로 영원해지는 것이 아닐까?

당신은 결코 특별하지 않다

초판 1쇄 발행 2025년 5월 20일

지은이 전미경

발행인 윤승현 단행본사업본부장 신동해
편집장 김경림 파트장 김동화 책임편집 박주연
디자인 최희종 마케팅 최혜진 이은미 홍보 허지호
제작 정석훈

브랜드 갤리온 주소 경기도 파주시 회동길 20
문의전화 031-956-7213(편집) 02-3670-1123(마케팅)
홈페이지 www.wjbooks.co.kr
인스타그램 www.instagram.com/woongjin_readers
페이스북 www.facebook.com/wjbook
블로그 blog.naver.com/wj_booking

발행처 ㈜웅진씽크빅
출판신고 1980년 3월 29일 제406-2007-000046호

ⓒ전미경, 2025
ISBN 978-89-01-29531-2 03180

- 갤리온은 ㈜웅진씽크빅 단행본사업본부의 브랜드입니다.
- 이 책은 저작권법에 의해 한국 내에서 보호를 받는 저작물이므로 무단 전재와 무단 복제를 금합니다.
- 책 내용의 전부 또는 일부를 이용하려면 반드시 저작권자와 ㈜웅진씽크빅의 서면 동의를 받아야 합니다.
- 책값은 뒤표지에 있습니다.
- 잘못된 책은 구입하신 곳에서 바꿔드립니다.